U0502581

人才发展协会（ATD）
软技能系列

职场合作力

[美] 塞恩 · 贝洛莫 著
（Thane Bellomo）
冀琳 译

TEAMWORK IN TALENT DEVELOPMENT

中国科学技术出版社
·北 京·

Published by arrangement with the Association for Talent Development, Alexandria, Virginia USA.

北京市版权局著作权合同登记 图字：01-2022-5106。

图书在版编目（CIP）数据

职场合作力 /（美）塞恩·贝洛莫（Thane Bellomo）著；冀琳译 .— 北京：中国科学技术出版社，2023.9

书名原文：Teamwork in Talent Development

ISBN 978-7-5236-0145-7

Ⅰ.①职… Ⅱ.①塞… ②冀… Ⅲ.①团队管理 Ⅳ.① C936

中国国家版本馆 CIP 数据核字（2023）第 077485 号

策划编辑	杜凡如　李　卫	**责任编辑**	杜凡如
封面设计	仙境设计	**版式设计**	蚂蚁设计
责任校对	焦　宁	**责任印制**	李晓霖

出　　版	中国科学技术出版社
发　　行	中国科学技术出版社有限公司发行部
地　　址	北京市海淀区中关村南大街 16 号
邮　　编	100081
发行电话	010-62173865
传　　真	010-62173081
网　　址	http://www.cspbooks.com.cn

开　　本	880mm × 1230mm　1/32
字　　数	104 千字
印　　张	6.25
版　　次	2023 年 9 月第 1 版
印　　次	2023 年 9 月第 1 次印刷
印　　刷	大厂回族自治县彩虹印刷有限公司
书　　号	ISBN 978-7-5236-0145-7/C・243
定　　价	68.00 元

导读

工作环境正在发生变化。过去，公司优先考虑的是如何大幅度提高工作绩效和生产力，侧重对员工开展培训，希望员工能够在更短的时间内完成更多的工作。如今，公司管理者已经意识到，员工可能确实提高了工作效率，但工作质量，尤其是员工之间的合作，并未得到改善。在可预见的未来，自动化程度有望进一步提高，硬技能和软技能需求之间的平衡还会发生变化。员工未来需要投入更多时间在机器能力相对弱的工作上，如人员管理、专业技能、与人沟通等。总之，人们现在比以往任何时候都更加看重软技能的价值。

这就要谈到人才发展了。

软技能的需求日益增长，人才发展专业人士在其中可以发挥独特的作用。他们和其他员工一起工作，为整个团队提供辅导；教学设计师跨职能部门工作，解决业务需求问题；学习型管理者利用影响力，获得更多预算或资源。但是，如果人才发展专业人士不提高自身的软技能，又如何在未来帮助员工发展软技能呢？

在人才发展协会，我们致力于创造一个更好的世界，帮助像你这样的人才发展专业人士更好地在职场帮助人才发展。作为这项工作的一部分，人才发展协会设计了人才发展能力模型作为框架，用于指导人才发展工作从业者获得知识和技能来提高自身能力，帮助员工和组织实现进一步发展。虽然软技能在“打造个人能力”方面的作用最为突出，但实际上在这个模型中的各个能力范畴，包括发展职业能力和影响组织能力等方面，软技能都起着至关重要的作用。有了软技能，人才发展专业人士将在教学设计、培训交付和引导、未来准备、变革管理等方面，再上一个台阶。

人才发展专业人士需要关于如何发展人才的资源，也需要关于如何提高自身人际交往能力的指导，进而提高适应性、自我意识和同理心、创造性、协作性、影响力和说服力。人才发展协会的软技能系列提供的正是这方面的指导。

“人才发展协会（ATD）软技能系列”中的每本书各介绍了一项软技能，都是人才发展专业人士在帮助其组织和员工发展时所必备的。每本书均分为两部分。第一部分的内容是关于该技能是什么，为什么重要，提高该技能会在内外部遇到哪些障碍。第二部分将镜头转向人才发展专业人士的日常工作，关于他们在工作中怎样实践和完善这一技能。书中还提供了工作记录表、自我反思练习和最佳实践，让人才发展专业人士得以将其技术专长与新掌握的软技能相匹配，从而建立职业复原力。

本系列包括：

- 《职场适应力》
- 《职场情商力》
- 《职场创造力》
- 《职场合作力》
- 《职场影响力》

我们很高兴能为你提供这套“人才发展协会（ATD）软技能系列”，希望这些书能为你未来的学习和发展提供帮助。

杰克 · 哈洛（Jack Harlow）

人才发展协会出版社高级发展编辑

序言

噢，那些被名字耽误了的软技能！

多年来，组织机构都忽视软技能，强调技术技能，常常低估了团队合作、有效沟通、使用问题解决技巧和管理冲突的价值。新任经理之所以失败，是因为他们的晋升往往是基于技术资格，而没有考虑到人际关系和鼓励团队合作的软技能。就在十几年前，培训师还羞于启齿说他们的课程提升了人们的软技能。这是为什么？

◎ 软技能的前世今生

人们之所以不愿意承认他们用到了（或需要）软技能，通常是因为名字中这个不幸的“软”字，这让人们认为软技能不如会计或工程等“硬”技能价值高。顾名思义，软技能很容易掌握，或被认为太水了，不值得重点培养。这两种看法都是对软技能的误解。事实上，赛斯·戈丁（Seth Godin）称软技能为“货真价实的”技能，“因为软技能确实行之有效，是我们现在需要的核心技能”。

然而，整个社会看重的似乎都是技术技能，而不是人际交往技能。我们钦佩的是研发新型冠状病毒疫苗的科学家，而不是人们在居家隔离期间利用沟通技巧与员工互动的领导者。我们承认不会开飞机很容易，但我们相信自己很有创造力，或者能很快适应环境。之所以会如此，是因为我们一辈子都听人这么说，对此耳熟能详——事实上却并不是这样。因此，我们更加重视通过获取高等学位和毕业后的培训认证来学习技术技能，以便能找到工作，而不重视掌握人际关系技能。

幸运的是，许多企业和企业管理者现在都已经认识到，如果员工的技术知识能得到软技能的支持，会产生很大的价值。因为软技能对你职业生涯的重要性，远比你想象中要大。请考虑：作为就业重构峰会[①]（Jobs Reset Summit）的一部分，世界经济论坛确定 50% 的劳动力需要技能再培训和

① 就业重构峰会，由世界经济论坛举办，汇集来自商界、政府、社会组织、媒体的卓越领袖和广大公众，共同制定有助于促进增长、增加就业、提升技能和促进平等的新议程。——编者注

技能提升。峰会还确定了未来十大职业技能的再培训需求。在21世纪所需的10项技能中，有8项是非技术性的，包括：创造力、独创性、主动性、领导力、社会影响力、复原力、抗压能力和灵活性。领英在2019年《全球人才趋势报告》(*Global Talent Trends Report*)中指出，掌握软技能是推动工作场所未来发展最重要的趋势：91%的受访者表示，软技能与技术技能一样重要或更重要，80%的受访者认为软技能对组织的成功非常重要。德勤的一份报告表明，“到2030年，软技能密集型工作将占到所有工作的三分之二”，而具备协作、团队合作和创新相关技能的员工，每年可为企业多增加2000美元的价值。随着机器人成本的降低和人工智能的发展，团队合作、解决问题、创造力和影响力等软技能变得越来越重要。

软技能可能不像人们最初想象的那样，只作为一个可选项而存在。

◎ 软技能的重要性

软技能有时被称为企业技能或就业技能。尽管名声不好，但特别有价值，因为软技能可以在工作、职业、部门甚至行业之间转移，不像硬技能或技术技能那样，通常只与特定工作相关。沟通能力一般是最重要的软技能，但软技能还包含其他技能，比如在“人才发展协会（ATD）软技能系列”中谈到的：情商力、适应力、合作力、创造力和影响力。这些个人特质会影响员工信任度、责任感和职业道德。

软技能之所以重要，还因为几乎所有工作都需要员工之间互动。组织要求员工具备完成各项工作所必需的技术技能和正式资格。然而，事实是，商业中讲的就是关系，组织的成功也依赖于关系。这就是成功的员工、富有成效的组织和软技能碰撞出火花的地方。

◎ 软技能与人才发展能力模型

人才发展专业人士是确保组织具备成功所需的全部技术类技能和软技能的重要因素。我有时仅仅是想到为确保组织、客户、领导、学员和自身成功需要了解的一切，就已经筋疲力尽了。人才发展工作绝非千篇一律，每天、每个设计、每次产出的结果都不一样，参与者也各有各的情况。有差异是好事，因为有挑战才能有更好的发展。

作为人才发展专业人士，我们明白软技能对于员工的培训和发展至关重要，但我们自己呢？你需要哪些软技能才能在职业生涯中取得成功？是否思考过你需要精通的所有技能？

人才发展协会的人才发展能力模型有助于你认识到自身需要提高的技能，但模型中相应软技能的描述较简单，你还需要自己进一步了解更多相关内容。以下是一些例子：

- **个人提升能力**专属软技能，但未能列出其全部。很明显，沟通、情商、决策、协作、文化意识、道德行为和终身学习都是软技能。项目管理可能更具技术性，但如果没有良好的沟通和团队合作，项目就不可能成功。
- **专业发展能力**需要软技能贯穿始终。如果没有创造力，如何实现教学设计和培训授课？如果不注重情商力和影响力，就无法指导或处理职业发展问题。即使是技术应用和知识管理，也需要人才发展专业人士有适应性、创造力和合作力，才可能成功。
- **组织影响能力**侧重于在领导和组织层面工作时用到的

软技能。为获得商业洞察力，成为管理层的合作伙伴，发展组织文化，你需要与最高管理层合作，发挥影响力，并借助情商技能与最高管理层沟通。人才战略相关工作需要适应力和影响力方面的软技能。如果没有良好的沟通、情商和团队合作，就不可能成功实现改变。

为未来做准备，你需要创造力和创新精神。

简而言之，软技能能让人才发展专业人士与他人有效互动，从而掌握能力模型中跨学科的23项能力。

◎ 软技能：专业精神的关键

作为人才发展专业人士，我们要精通几乎所有软技能，才能履行最基本的工作职责。然而，发展软技能的重要性还有一个更为基础的因素：只有掌握了这些技能，我们才能表现出专业精神，从而赢得利益相关者、学员和同事的尊重。我们必须专业，否则怎么能被称作人才发展“专业人士”呢？

专业精神是推动我们事业发展的动力。为了让“人才发展专业人士”这个称号名副其实，我们要做高绩效者，展示出技术人才能力清单之外的素质和技能；自身要精通各项软技能，才能从容地为他人提供帮助；成为团队中的一员，证明我们能和别人合作良好；要情商高，确保察觉到、控制好和表达出自己的情绪，处理好人际关系；有创造性，帮助组织在竞争中占有优势；要适应性强，帮助组织为迎接未来做好准备；还需要影响力技能，以便自己也能在未来占有一席之地。

我们需要与各自岗位所匹配的知识和技能来完成工作，而那些成功人士同时也精通软技能。生活中的每一天，与他人的每一次互动，你都用得到这些软技能。软技能让人头脑灵活、足智多谋、复原力强，可以提高专业水平，促使职业成功，缺乏这些技能则可能会限制职业发展。

显然，软技能比人们以前认为的更重要，对于人才发展专业人士和培训师来说更是如此。学员和客户希望你的大多数课程主题都有前瞻性，还希望你为职业成功所需的技能建模。要让自己更专业，你需要哪些软技能？更清晰地沟通？人际交往能力？更加灵活？自我管理？专业风采？还是足智多谋？

E. E. 卡明斯（E. E. Cummings）说过："成长并成为真正的自己，需要勇气。"我希望你有勇气决定需要提高哪些技能才能成为最好的培训师——尤其是那些被误命名的软技能，它们一点儿都不软。你还要为自己树立足够高的标准，让自己保持训练状态。"人才发展协会（ATD）软技能系列"的这 5 本书，为你提供了一个很好的起点。

伊莱恩·碧柯（Elaine Biech）

《职业成功的技能：最大化你在工作中的潜力》（*Skills for Career Success：Maximizing Your Potential at Work*）作者

前言

土耳其东南部山区常年干旱，强风肆虐。干旱的山丘里零星点缀着灌木和矮树。绿色的山谷里有几座小村庄，几千年来，牧羊人在这里勉强维生。除了时间的缓慢流逝，没有任何东西表明这里有不同寻常之处。然而，1994 年，德国考古研究所的克劳斯·施密特（Klaus Schmidt）教授在这里一座名为“大肚山”的山丘上发现了哥贝克力石阵，继而开展了全面的探索和研究。你可能没听说过哥贝克力石阵（知道它的人并不多），关于它的神奇故事有很多，但是我们重点要讲的就是，它可能是团队协作史上非常重要的里程碑之一。

哥贝克力石阵占地十几英亩（1 英亩≈4046.86 平方米），是一处被掩埋的石碑和石建筑遗迹。巨大的石块高达 20 英尺（1 英尺≈30.48 厘米），表面雕刻着复杂的浮雕，排列成几何形状，重达 20 吨。很显然，这样的建筑群要耗费当地人几个世纪的时间才能建造起来。考古学家认为这是某种寺庙结构，但是我们尚不确定究竟是出于什么原因，才让成百上千的人持续劳动几个世纪来建造石阵。事实上，谈起哥贝克力石阵本身的复杂性、建造它所需的后勤协调和完成这一庞大工程所应用的工程知识，我们再怎么赞叹都不为过。

这处遗迹之所以拥有非比寻常的意义，甚至让人直呼不可思议，是因为它建于 11000 多年前。这意味着它比埃及的大金字塔还要早 6000 多年。哥贝克力石阵的建造可追溯到史前文明萌生之时，考古研究表明，建造它的时候，人类仍以狩猎和采集为生，住在洞穴里，需要深入森林或者上山寻找食物和庇护。你可能会问，这怎么可能？古时候的狩猎者和采集者怎么会奇迹般地联合起来，共同劳动几个世纪，最终创造出这样一个世界奇观？我们不知道，可能永远也不会知道。但是我们可以肯定的是，无论他们出于什么原因一起工作了几个世纪，这项工作对他们而言一定非常重要。这项工作的重要性激励着他们顺从自己与生俱来的协作及配合倾向，几代人不遗余力，终于完成了这项艰巨的任务。

◎ 团队协作是人的本性

我之所以介绍哥贝克力石阵，是因为它的建造让我看到了团队协作的力量，甚至挑战了我的想象力。考虑到小型狩猎采集部落的“原始”特性，开采并雕刻25吨重的花岗岩，运输这些巨大的石块，设计并建造成复杂的结构，再加上协调数百（有可能高达数千）名工人，为他们提供食物、水和住所，其困难程度令人难以想象。完成这一任务所需的技能绝不可能一夜之间离奇造就。

哥贝克力石阵的发现，不仅再次肯定了团队协作的力量，也证实了人类拥有一种一起工作、配合、协调以完成重要工作的原始本能。如同狼成群结队地狩猎、树木生长在肥沃的土地上那样，人类天生就要一同工作，这是人类的本性。事实上，人类从来都是在一起工作的。历史上并不存在某个时刻，即两个人第一次聚在一起，然后下了决定，说:“你知道吗？我们应该一起干。”没有这个时刻。团队协作的力量根植于我们每个人的内心。如果11000多年前的狩猎采集者能够聚在一起，共同建造起如此伟大的建筑，那么现在的我们一定也有不亚于他们的能力。在我们接下来一起探索团队和团队协作奥秘的过程中，不要忘了哥贝克力石阵的故事。

经过数千年间越发默契的合作与配合，我们成功构建起我们今天所处的世界。无论是建设正常运转的社会、养家糊口、在秩序井然的社区中生活，还是管理组织机构，都离不开人们的共同努力，而这正是本书的重点。我们如何才能有效地利用这种与生俱来的团队意识来完成我们的工作？我们如何才能有效地识别、开发并且锻炼这种团队协作的倾向，使之成为一套流程，最重要的是，使之成为我们可以进一步完善的技能？我们如何利用这种倾向来相互配合，改进我们的团队和组织，并且持续为你所在的组织提供帮助，甚至推动全人类的发展？

对于“你正在帮助全人类实现某个目标”这种说法，你可能会嗤之以鼻。的确，你或许只是某个巨大机器中一个小小的齿轮。也许你是一名人才发展顾问或学习与发展（Learning and Development，简称“L&D”）专业人士。也许你是一个领导，管理着一个或大或小的企业。你可能会觉得自己对大局的贡献很小，甚至不值一提。但是我在这里要向你说明，你的贡献并非无足轻重。人类以渐进的形式发展，当你带领一个团队前进，或为团队作出贡献时，你很有可能会取得某种成就。无论你和团队的目标是什么，这一成就都有益且重要。所有这些微小的成就累积起来，就有可能成为这世上的一股强大的力量，对你的团队、你的队友和你自己而言，都是如此。

◎ 团队的力量

团队即力量。从根本上说，组织内发生变化是以团队为单位的。若想完成一些有意义的事情，我们必须在思想层面达成合作，分享彼此的观点。正是在这种斗争中，人们摆脱了原来的自己，获得成长和进步。也正因如此，我们得以为我们的共同目标贡献比以往更大的力量。

如果一个团队能超越它被赋予的任务，取得额外的成果，那么它就有可能创造伟大的收益。好的团队所产生的使命感、团队精神、归属感能够最大限度地提高忠诚度和参与度，供组织利用。但是多数情况下，人们忠诚的对象是每天与他们一同工作、生活和呼吸的人。这种对彼此和对团队使命的奉献精神将突破团队的限制，转化为对组织的奉献和自发的努力。这样的团队将有能力创造内在动力，继而产生新的活动。这些活动不是为了追求金钱、权力或声望，而是因为他们服务于同一个目标，服务于彼此。

因此，让我们始终牢记（因为我们有时会忘记），当我们参与集体活动，共同完成一些重要的事情时，这一经历不仅对我们的组织有利，也有可能对我们个人产生深刻的影响。在工作中，很多人都是通过团队协作来获得较大的满足感。团队协作让我们清楚地看到自己的努力结出果实，也帮助我们认识到自己所能作的贡献。在一个真正致力于完成某项重要工作的团队中经历艰苦奋斗，会让我们所有的优势和劣势都变得显而易见。在这种情境下，团队可以帮助我们理解自己的价值，认识真实的自我。这样的团队极具价值。

◎ 要想实现团队协作，必须给团队以工作

重要的工作具有催化作用，促使人们组成高绩效团队。高绩效团队的特征包括参与度、自发努力、好奇心、寻求挑战、问责制、构建信任、预防漏洞，以及创造团队精神和归属感。缺乏重要的工作经验时，我们一般见不到这些特征。

反之亦然。当人们从事不重要的工作时，他们通常会表现出低效团队所具有的特征：不投入、冷漠、工作积极性低、推卸责任和相互怀疑。如果人们从事的工作对他们来说很重要，他们就会被这种重要性吸引，积极完成这项工作。他们愿意忍受痛苦，渴望参与其中。因为任务艰巨，他们不得不把全部的自己奉献给团队。正是通过分享这种共同的经历，他们获得了信任、团队精神、归属感和认可，创造了一个良性循环，促使团队实现他们原先认为不可能达成的目标。

上述所有内容都不容忽视。我们如何组织团队、如何领导团队、如何参与其中，都实实在在地影响着每一个人。如果处理得当，团队就能吸引成员加入，实现团队价值。反之，如果做得不好，也可能导致人心涣散，无所作为。团队有重塑组织和组织内所有人的能力。明智而有效地利用团队，不仅能够将你的组织带上新的台阶，还能够让组织成员从多个方面得到提升。反之，如果利用不当，可能会降低组织成员的参与度，破坏组织文化，并且播下不信任的种子。如果能提供过人的领导才能，带领大家完成重要且困难的工作，你的团队很可能会有出色的表现。相反，在既没有优秀的领导者，从事的工作又不重要时，团队的表现会很糟糕——无论你安排了多少团队建设活动。组建团队时，重要的是要深入思考团队的含义，这对你、你的团队和你所在团队的成员都很重要。

◎ 本书能够为你提供的帮助

团队领导者背负着比我们想象中更重的负担。人才发展专业人士在提高团队效率方面发挥着重要的作用。虽然领导者是真正带领团队的人，但是他们有时并不擅长解读团队动态。领导者主要负责把大家聚在一起解决某个问题，并没有充分考虑如何更好地组建团队来获得我们后续将谈到的间接效益。人才发展专业人士可以鼓励领导者采取恰当的措施，使他们理解如何更好地创造条件，才能让团队成员产生相互奉献的精神，从而收获最大的价值。

为了发挥这一关键作用，人才发展专业人士必须了解优秀团队产生的条件，以及培养优秀团队所需的领导技能和决策。但是在此之前，他们必须提高自身的团队协作能力。虽然我们必须要相互配合来完成任务，但这并不意味着我们天生擅长合作。团队协作是一项技能，同其他技能一样，可以通过努力来提高。

正因如此，本书适合所有领导者、担任团队领导的人才发展专业人士，以及想要建设优秀团队并提高团队绩效的团队成员阅读。也就是说，书中的内容和方法适用于任何行业的任何团队。人类的许多特质都具有普世性，团队协作和对团队的思考亦是如此。

首先，我们将在第一章中定义团队和团队协作。在第二章和第三章中，我们将讨论团队的重要性，还有团队协作中可能遭遇的挑战，以及如何应对这些挑战。在第四章中，我们将讨论团队协作对人才发展专业人士及其工作的重要性，同时探讨团队协作如何促进人才发展能力的提高。我们还将介绍一个分析团队协作的模型，该模型从重要工作和明确目标的建立来解释团队技能及其发展（第五章），通过好奇心文化和质疑文化的发展来实现团队技能的发展（第六章和第七章）。在第八章和第九章中，我们将讨论在运作顺利的情况下，这些因素最终如何转化为信任和团队精神，进而以意想不到的方式促进组织的发展。

读完这本书后，我希望你不仅对团队协作的重要性有了新的认识，还能了解你和你的组织应该如何提高团队协作能力，从而提高组织的参与度、创新能力和团队精神。我希望你能进一步认识到组织如何能够有效地利用人类手中最强大的工具来推动组织发展，实现伟大的目标。

目　录

CONTENTS

第一部分
何为团队协作

PART 1

第一章
何为团队
CHAPTER 1

在生活中，你或许已经有过几次团队协作的经历。对于许多人来说，第一次有机会体验到身处团队的感觉，或许就是加入运动队。加入学校或社区中的团队，也能帮助我们了解团队协作的概念。我们对于合作、协调和配合的理解，最初就是通过这些团队协作的经历。据此，我们足以认识到什么叫作共同完成某件事。

此外，我们还从这些经历中目睹并感受到了团队协作的成功，也获得了与低效率群体合作的体验。如果你与我经历相似，你会发现其中有令人满意的，也有不尽如人意的。回顾以往经历时，一些混乱场面总是引我发笑。例如有一次，两名干劲十足的家长勉强组织起一场校园募捐活动，其他家长本该予以支持，却在最后一天才现身。他们所有人多多少少都自认为算是参与团队协作了，但其实大多数人都没有。

团队通常被定义为携手完成目标的一群人，而团队协作则被定义为，这个团队以有效果和有效率的方式为达成共同目标所付出的协同努力。

这个定义合情合理。但是，我对团队的定义与此尚有区别。多年来，我曾为数十个组织和上百名领导者提供咨询服务，注意到一个真正的团队和仅为共事关系的一群人所能够取得的结果，存在着明显的差别。因此，如果有人问我何为团队，我的回答如下：

> 相互配合以完成某个重要目标的一群人，并且所有人都明白，这一目标需要每一位成员付出努力，才能取得成功。

满足以上条件时，团队协作的好处便会显现：团队精神、使命感、信任感和参与度都会明显提升。反之，如果条件不足，我们也许可以完成任务，但是无法获得更多的团队协作的益处。这正是本书的核心：如何利用团队达成重要目标，同时构建联系，培养团队精神，进而产生能够提高组织参与度的忠诚。最重要的是，你必须明白这些全部是习得行为，即可以培养的技能。正如我们所见，现代职场要求我们培养这些技能。团队是几乎所有行业中最主要的生产单位，不了解团队如何构成及运作的组织无疑将处于劣势地位。

就何为团队达成共识是非常重要的。从多年的工作中，我总结出了一条经验：如果我们把某个群体称为“团队”，可它却名不副实，那么当我们看不到它作为一个团队理应产生的附带效益时，便会大失所望。我曾经遇到一些工作群体或专业实践队伍坚持团队建设，因为他们一直没有从一个好的团队理应产生的同事情谊、共同价值观和规范，以及建设性冲突中获益，所以他们的失望不难理解。

举例来说，我曾经和一群迫切想要组成一个团队的组织发展（Organization Development，简称“OD”）专业人士共事。他们在同一个部门工作，工作内容大同小异，并且向同一个领导汇报工作。但是他们有各自的客户，客户有不同的需求。他们鲜少合作，也没有共同的目标。他们是一个研究组织发展的实践队伍，并不是一个团队。当他们发现自己未能拥有在他们看来一个团队应当拥有的密切联系时，他们还是感到了失望。他们认为同一个团队应当产生相同的抱负和价值观、共同的信念，以及个体间的纽带，而他们却未能真正获得。他们打心底里渴望这些东西。这种情况并不罕见。

人毕竟是社会性动物。我们需要人际关系，我们需要归属感，我们需要他人肯定我们的价值。我们需要爱，也需要被爱。人们可以从各种各样的地方得到这些东西，如他们的家庭、公民组织和社区等。但是有很多人把大量的时间——我们一生中很大一部分——投入工作当中，因此，想要在职场中感受到团队精神便不奇怪了。职场中的团队协作直接影响着这些间接效益，以及它们对于组织的巨大影响。这是我们将在本书中反复提到的一个主题：真正的团队可以完成很多事情，它创造的利益将大大超越团队本身，推动整个组织向前发展。但是为了收获这些利益，我们必须把精力放在真正的团队上，而非工作小组。

◎ 区分团队与工作小组

我们都曾有过这样的经历：接到领导的指令，不得不加入某个群体，完成某项你和其余所有人都认为无足轻重的工作。工作必须要有人完成，但是任务本身绝对称不上有趣或有意义。我们无可奈何地接受这份工作，全力以赴，只为尽快将工作完成。反之，再想想你加入某个真正的团队，真正重要的工作的时候，这个团队会让人本能地觉得它很重要。这时你的感受是截然不同的。这样的团队工作动力强，你会非常渴望进入工作状态。上述两种群体的区别不在于人或领导者，而在于工作本身。后者有可能发展成一个高效的团队，而前一种往往没有这样的前景。

我们都曾加入工作小组。我们都遇到过这种状况：小组成员只是偶尔呈现最好的工作结果，兴致不高，参与度时高时低，少数几个人承担了大部分任务。出现这种情况，可能是因为该工作小组实际要完成的工作并不重要，而且成员们也都知道这一点。他们的工作也许是必须要有人去完成的琐事，也许是所谓的品牌管理工作，也可能只是为了凑数或做做样子。

如果所做的工作并不重要，那么你就承认它确实不重要，也承认你因此无法获得更广泛的团队利益。你要对自己和团队里的人，都要坦白这一点。每个人都知道，我们有时不得不做一些无足轻重的工作。隐瞒这一点，把微不足道的事披上虚假的外衣，伪装成重要的工作，只会破坏信任。导致在你真正有重要的工作时，遭到其他人怀疑。

因此，在定义团队时，“重要的工作”是一个不可或缺的因素。事实上，并非所有的工作都很重要。尽管这一点显而易见，但是许多领导者还是本能地认为没有不重要的工作。或者说他们没有意识到，面对真正重要的工作时，他们需要考虑的不只是团队的人员构成。如果接到了一份重要的工作，打算组建一个真正的团队，那么领导者必须考虑团队需要哪些领域的专家，需要成员具有什么样的性格和特点，才能赋予团队足够多元的视角，保证团队获得应有的成功。谁需要只有加入团队才能获得的那种成长？谁对这项工作感兴趣？谁需要在工作中得到指导，谁又能提供这种指导？

在一个真正的团队中，我们不仅会因为团队创造出了有形成果，也会为自己完成使命而感到自豪，还能够获得归属感和参与感、共同规范和价值观，以及创新的解决方案。我们将延续先前为团队下的定义，以确保我们不会将团队与工作小组混为一谈。

人才发展专业人士在这方面的指导作用非常明确。你要对领导者施加影响，并予以指导，帮助他们衡量工作的重要性，确定究竟要组建一个团队还是一个工作小组，进而决定团队的组建形式，确保用最有效的方式完成工作，同时收获团队协作带来的间接效益。此外，你还应该与领导者密切合作，清楚地知道团队拥有多少自主权、团队在发展过程中持有怎样的价值观和团队试图解决什么样的问题。对于人才发展部门来说，你要先在自己的团队里实践这种理念，然后向整个组织展示其与众不同之处。接下来，我们将探索团队协作的各个组成部分。

- 团队指的是相互配合以完成某个重要目标的一群人，并且所有人都明白，这一目标需要每一位成员付出努力，才能取得成功。定义团队的关键因素是工作的重要性。
- 不要隐瞒工作的动机和理由。
- 作为团队的领导者，必须预先考虑清楚，你要组建的是一个团队还是一个工作小组。在这个过程中，第一步是描述工作的重要性。你需要明确这项工作是否重要，以及你是否准备给予团队足够的自主权、资金和问题解决方案来支持这项工作。

◎ 关于独行侠的迷思

凡是能对组织产生广泛影响的工作，都不是凭一己之力就能完成的。一个人挑灯夜战便能为组织层面的大问题提出并实施解决方案的日子，早已一去不复返。如今，由于组织层层细分，各个部门职能分散，任谁也不能独自左右整个组织的发展方向。

事实上，个人也许从不曾具备这样的能力。这一点前人在书中已经分析得很透彻，但还是值得一提。最经典的就是发明家托马斯·爱迪生的例子。许多人把灯泡、电影摄影机等发明归于他的个人才华。但值得注意的是，他曾在门洛帕克成立了一个由技术人员和科学家组成的团队，这些发明创造其实是由团队成员共同完成的。例如，在爱迪生电影机（后来发展为电影摄影机）的发明过程中，完成大部分工作的其实是爱迪生公司里一位叫威廉·肯尼迪－劳里·迪克森（William Kennedy-Laurie Dickson）的技术人员和他带的团队。

现代商业界需要个人组成团队，一同解决组织层面的大问题。举个简单的例子，假设要制定一个培训项目，一个人可以独自完成需求分析，设计并创建项目必需的所有环节，继而跟踪整个组织的学习情况。这是有可能实现的。但这也是一份全职工作，可能需要更长的时间来完成。这么做还预设了这个人拥有完成整个项目所需的知识、判断力和洞察力。糟糕的是，这么做剥夺了组织从创建这个项目的过程中进行学习的能力，否定了组织其他部分的洞察力和判断力，以至于错失了以更有效的方式完成项目的机会。这么做没有发挥组织中专家（如数据分析师）的作用，不能确保最终产品的可操作性，导致需要重复做无用功。这么做也意味着组织无法获得那些会对其产生积极影响的间接效益。

我曾经在一家500强公司的学习与发展部门工作，他们在设计学习项目时就是这么做的。每位顾问依据自己看到的问题独立为客户制定学习项目。鉴于他们的项目偶尔确实能影响其客户群体，所以产品是合格的。但是各个顾问在相对孤立的情况下制定项目，这意味着产品的有效性必然低于它们本可以达到的水平。这种工作模式没有考虑到不同客户群体的共同问题，没有产生可以跨组织获取的学习内容，也没有从整体上确定学习项目的采用程度。而这仅仅是所有错失机会的冰山一角。

如果该公司的学习与发展部门成立一个跨职能项目团队，负责评估需求、制定学习项目和衡量采用程度，会产生怎样的结果呢？答案是，他们不仅能够在准确的需求分析、充分的内容开发、潜在的共同促进与交付以及有意义的学习采用评估的基础上制定项目，还能够在整个组织内搭建人际关系网，并且产生大量间接的团队效益。这看似理所当然，但是这个组织使用的模式其实比你想象中更常见。

无论哪种类型的组织工作，团队总能比个人更有效地解决组织层面的大问题。个人的确有能力处理大量的工作，但是很多时候因为牵扯到的利益相关者太多，专业太细，或者受到许多外部和内部因素的影响，任何个人都无法高效地开展工作。如今在多数地方，我们已经不在流水线上工作了。尽管这种工作模式有规模和产量上的优势，但是它并不能适应现代工作的复杂性。

◎ 团队协作的复兴

在当今世界，组建团队并以团队形式完成工作的模式正在复兴。曾几何时，几乎所有工作都靠团队完成。后来，工业化迫使我们走进车间，各自占据流水线上的一个专业岗位，这一经历塑造了我们对于工作如何完成的看法。最后，很大一部分劳动力从流水线走进办公室里的小隔间。在这里，经理把任务分配给个人，个人生产出的产品再被送上生产线。这种工作场所缺乏连通性。当然，这是因为小隔间彼此高度分离。工业革命以及它在大规模生产中的应用塑造了旧的工作模式，而大规模生产方式最终导致了血汗工厂和流水线的出现。实际上，大规模生产方式被应用到了我们工作和生活的方方面面。

大规模生产和专业化推动了商品和服务技术的发展，反过来又受到不断变化的商品和服务技术的推动，而这正是不断增长的世界经济迫切需要的。我们可以理解，让一个工人单独建造整个火车头有多么困难。我们也可以想象，建造火车头必然需要团队协作的复兴。在某种程度上，它确实促进了团队协作的复兴。但是在建造火车头时，人人都有各自专门的任务。换句话说，他们只是在同一个车间工作。铆工整天独自一人做铆接工作，焊工也是一样，两人从不产生交集。

如今，我们正在经历新一轮的变革。科技曾经把工作场所分隔开来，如今它又把我们聚在一起。现代世界仍然需要专业化，但是它以某种曾经超乎人们想象的方式，把专业化和一定程度的连通性结合在一起。世界各地的人们现在可以实时协作；企业内的跨职能团队也能够快速协调以确保一致性，利用不同学科的视角，应对各个利益相关者。

科技的发展也需要不同学科的合作。例如，医疗保健组织现在需要与信息技术和数据分析领域的专家合作，在他们的协助下管理互相连接的医疗系统，把握患者的治疗过程。即使是像制订培训计划这样的常规工作，也需要跨部门的密切合作。学习与发展部门要与信息技术、数据分析和市场营销等部门配合，以开展需求分析，开发并交付有效的网络培训和线下培训，以及评估培训的有效性和技能采用情况。

曾经，寥寥数名培训专业人员就可以开发并交付这样的培训，但是放到企业中实施时，不同部门得到的结果却有好有坏。现在，科技需要且允许跨职能的利益相关者组建团队，开发并交付更有可能推动企业向正确方向发展的培训。如果组织能以这种方式有效利用团队和科技，那么它就拥有了明显的竞争优势。

简而言之，团队协作正在复兴，因为技术允许并确实需要我们密切协调配合来参与市场竞争。无论你处在哪个专业领域，各个组织现在都已经意识到，它们比以往任何时候都更需要团队来开发新的系统和程序、创造新的产品和服务、适应新的客户沟通方式、设计新的经营方式。

随着团队协作的重新出现，我们必须提高自己团队的协作能力。我们需要掌握有效的合作方式，以配合其他成员一起实现团队目标。我们需要与那些认可彼此独特贡献的成员建立信任，相互给予安全感。我们还需要改进自己和他人对团队负责的方式。

◎ 结论

如果我们无法区分团队和工作小组，那我们就剥夺了组织从团队协作中获取间接效益的机会，我们还摧毁了信任。团队协作很重要。在下一章中我们会看到，有效定义团队，并且有目的地思考如何组建和利用团队，将带来一系列的好处，推动组织发展，而且这种发展是非团队形式的工作所不能实现的。

第二章
团队协作的重要性
CHAPTER2

为什么要进行团队合作，大多数人会给出这样一个简短的回答：我们可以通过团队做到自己一个人无法做到的事。一个人盖房子听起来就不现实，需要很长时间，还要掌握很多种技能。其实，团队协作重要的优势之一，就是团队能够为你提供先前你从未想过的解决方案和创新思想。因此，与其把组建团队当成完成某件事的一种方法，不如把团队当作寻求解决方案的一种方式。两者之间区别巨大，而且这种区别常常为人所忽视。如果我们从这个角度看待团队，我们组建和管理团队的方式就会随之变化。

举例来说，有一天下午我见到了蒂姆（Tim）。他是工程部门负责人，所在部门在人才发展方面遇到了问题。这意味着蒂姆不能把手下的员工派去其他岗位工作，因为他们的能力受到了专业领域的限制。这也意味着这些员工很难晋升到更高的职位。蒂姆是个典型的工程部门负责人，超时工作，负担过重。他穿着皱巴巴的毛衣，头发也乱蓬蓬的，你很难判断他究竟是不在意外表，还是根本没有时间去打理。不过，他是个很善良的人。尽管工作中遇到的需求变更太多、工程师太少、时间太紧，但他还是希望能找到一种方法来培养手下的员工。当天，我们对此展开了讨论。

正式培训费用高昂，而且蒂姆的时间并不多。“干脆用你们手头的工作来做培训怎么样？”我问道，“考虑一下谁需要做这份工作，而不是谁能做。”他思考了几分钟。“这是个好主意。”他若有所思地说，“也许我可以召集几个人，让他们提出一个正式的继任计划和大致的岗位轮换方案。”

“很好。”我说，“或者你可以组建一个团队，告诉他们你想要解决的问题。然后让他们自己想办法解决，如何？也许他们能想出更好的方法。”

蒂姆点了点头。“行啊，有何不可。”他苦笑道，“我现在几乎搞不清楚我们的预算，也许他们会有一些好主意。”

于是，蒂姆就这么做了。一段时间后，团队向他提交了一份工程部门人才发展计划。他们精心设计了一套规则，工程师可以通过参与大量可供选择的培训活动获取相应的分数。每项活动都根据其发展价值进行加权。获得一定的分数后，工程师就做好准备轮换到其他岗位，发挥其他作用。每个人的发展情况都被记录在各自的电子表格中，这样所有人都能看到彼此参与的活动和获得的分数。一场友好的竞争由此展开，每个季度或每年积分最高的工程师会获得表彰。你可以想象，随着工程师们积极投身于各种各样的培训活动，该部门的技术敏锐度和后备队实力都得到了大幅提高。

这个故事的重点是，蒂姆遇到了问题，而且他内心已经有了一个解决方案。他本可以直接让团队把这个方案做出来，也可能会相当满意该方案的实施效果。但是通过把问题交给团队，让他们自行解决，团队提出了比他凭一己之力所能想到的任何方案都更好、更有效的办法。他们创造出了他预料之外的东西。

这个故事很有启发性，它从根本上回答了“我们为什么要组建团队”这个问题。理想状况下，我们组建团队的目的是解决问题，而不是做事。二者截然不同。正如我们所见，当我们为了解决重要问题而组建团队，给予他们足够的自主权和有效支持，并为他们提供资源以帮助他们获得成功时，我们就能收获预料之外的想法和效益。这就是我们组建团队的原因，也是我们应该认真思考如何组建团队的原因。有效组建团队不只是给团队布置任务那么简单，组建团队是在为此前从未有人提出过的创新想法和解决方案创造环境。这是一件神奇的事。

当我们限制团队的创新想法，只让他们按照指示做事时，我们就剥夺了团队所能产生的创新能力。我们还削弱了团队在面对问题追本溯源并寻求具有附加价值的新解决方案时所能表现出来的不同经验和观点的协同作用。给团队分配任务的领导并不知道所有问题的答案，我们也不应该自以为是地认为他们无所不知。我们必须把我们的团队当作解决问题的人，而不是听令做事的人。组建团队时应以此为原则，并且赋予他们解决最紧急问题的权力。

在本章中，我将给出团队协作和团队本身在组织中发挥重要作用的 4 个关键原因。团队和团队协作能够克服组织层面的挑战，能够培养团队精神，让成员有归属感和使命感，还能带来不同的视角，从而让我们产生更好的想法，更能创造共同的组织价值观和规范。

◎ 组建团队以应对组织层面的挑战

在现代职场中，重要工作的完成需要整个组织的协调投入。例如，人力资源部门曾经可以独立完成所负责的大部分事务。员工福利管理、招聘、员工关系处理以及其他工作都在部门内部以书面形式完成。但是，现代人力资源组织需要与上下级组织以及信息技术、数据分析、法律、广告和营销等部门密切合作。而组建跨职能团队是协调所有利益相关者投入的最好方法，可以确保顺利开发出满足所有利益相关者需求的产品和服务。

团队有能力以个人无法做到的方式克服组织层面的挑战。如前文所述，组织结构庞大而复杂，它所面临的问题涉及范围太广，个人无法独立解决。组织变革管理工作必须考虑到众多的利益相关者和可变因素，因为它们不仅影响着问题产生的根本原因，还影响着我们在为这些问题提出解决方案时必须应对的利益相关者和可变因素。要想解决如此复杂的问题，必须组建跨职能团队。

一般来说，推动变革的是组织竭力想要填补的缺口或试图改进的缺点。当某个部门试图为组织层面的大问题提出解决方案，却没有从上下级组织获得足够的支持时，方案的实施会遇到阻碍，失败往往不可避免。要想提出可行的解决方案，并且被组织采用，组建跨职能团队是一种有效的策略。区别就在于此。变革计划能否被组织广泛采用，取决于接受者是否认为变革有益。如果变革的接受者不认为它能提供帮助，他们往往会拒绝，这并不奇怪。而当所有利益相关者都参与到解决方案的制订过程中，并且有能力明确表示自己能做什么、不能做什么、愿意做什么、不愿意做什么时，最终的解决方案可能会在组织中得到更广泛的采用。

举例来说，我曾经协助一个人力资源部门为所在企业开发新的绩效管理和人才发展制度。他们先确定了当前制度中他们认为存在缺陷的地方，然后试图针对这些不足制订企业解决方案。他们想要增加导师制、反馈机制、签到制和各种发展规划工具，以便各级管理者更有效地培养自己手下的人才。这些都是很好的措施。事实上，我愿意称为最佳实践……只可惜该企业的各级组织并不愿意采用。大量金钱、时间和精力都投入新制度的开发和实施中，而这个制度最终却没有得到充分利用。这是为什么呢?

因为在制订解决方案的过程中，人力资源部门没能有效利用组织结构。事实上，组织上下甚至不知道有这样一个问题亟待解决。用一位上级管理者的话来说，“这是一个自找麻烦的解决方案”。那么怎样才能扭转这个故事的结局呢？人力资源部门应该设法组建一个跨职能团队，让团队自主发现并解决问题。

如果人力资源部门在问题陈述阶段让各级管理者和领导者参与进来，他们就会意识到人才发展正有序地在整个组织中进行，他们眼中的人才渠道缺陷其实并没有那么重要，各级领导者也并不像他们想象中那样，有那么多时间去使用那些工具。如果人力资源部门和利益相关者联手，组建一个真正的跨职能团队，允许他们做问题陈述，并给予他们足够的自主权去设计可行的解决方案，那么最终的产品会更加准确，解决方案也更容易被采纳。

在我见过的所有具有重要意义的长期项目中，各级组织分别指派一位员工全职加入团队时，项目总能取得最好的成绩。受人员配备和其他因素的限制，这种情况并不总能实现，但是这确实是最优解。咨询各级组织固然有用，但是让组织成员全职加入团队更好。各级领导者工作繁忙，在他们看来，这种咨询不过是给他们多加了一项工作。他们的参与程度至多算得上变化不定。然而，当各级领导者真正加入团队时，他们对项目的参与会达到单靠咨询无法企及的程度。当各级领导者参与到对自身有影响的产品的开发过程中，他们才更有可能使用这些产品，并且推动实施。

这种动态将产生广泛的组织影响，有目的地组建跨职能团队为日后的协调、沟通和协作提供一个平台。团队在完成重要工作的过程中建立的跨部门关系会长久存续下来。在上述制定绩效管理制度的案例中，人力资源部门与上级组织以及信息技术、通信和数据分析等部门建立的密切联系将在未来的工作中继续发挥作用。团队成员之间可能会产生一定程度的信任，进而转化为跨部门的沟通和协作，促使他们主动发现问题，并且开始战略性地思考解决方案。换句话说，即使团队解散了，它的成员也会成为思想的传播者，推动未来的创新和团队成功。

这个故事启示我们，尽管团队协作有诸多好处，但是当团队囿于组织孤岛时，我们便无法获得这些价值。因此，确保团队将要完成的重要工作对于那些受团队成果影响的利益相关者来说有重要意义。抛开其他好处不谈，组建团队本质上就是为了解决问题，从而为组织创造价值。

请思考

- 组建团队时，要与那些会受团队成果影响的利益相关者的代表一起设计团队，还要与团队提出的最终方案的受众合作，以确定问题并制订解决方案。
- 你在考虑如何给团队分配重要工作时，要从跨职能的战略视角出发。无论你想让团队解决什么问题，无论团队促成了什么改变，都可能对整个组织产生影响。你要认识到这一点，并且说服各级领导者派人加入团队当中。
- 确保你的团队在解决问题。如果你向团队抛出问题的同时，还给了他们解决方案，那么他们就不是在解决问题。确保团队在解决问题，将为他们的成功打下基础，并且让团队协作的好处得以体现。
- 承认你并不能解决所有的问题，并且认识到由利益相关者组成的团队才最适合寻根究底，进行有效的问题陈述。在这种情况下，团队协作早在团队成立之前就开始了。团队协作始于谦和。因此，努力收集利益相关者的不同观点和需求是团队成功的必要条件。

◎ 团队精神、归属感和使命感

团队协作的好处远不止完成工作。一个优秀的团队不仅能让人产生高度的责任感和归属感，还会明确职责，促使成员做出大量的自发努力。此外，它还为个人和组织的蓬勃发展创造条件。

总的来说，人们喜欢在团队中工作。或者说，至少喜欢在配合良好的团队中工作。人是社会性动物，集体行动能给人提供一种不可估量的归属感和分享成功的愉悦感。我们生来就渴望这类感受。我记得许多年前，还是个年轻小伙子的我报名参加了一个夏季拓展训练课程。如果你没听说过拓展训练，不妨了解一下——尤其是你有孩子的话。

拓展训练是一种野外训练课程，目的是让人们明白自己远比想象中强大，同时向人们展示合作的力量。我报名的课程在纽约州北部的野外进行，为期 30 天，全队包括 12 名学员和 2 位教练。我们必须想办法用有限的物资在山里共同度过 30 天，其间我们要应对恶劣的天气，还要爬山，抬着独木舟跋涉数千米，而且全程背着约 30 千克重的背包。这项艰苦而重要的工作需要互相配合才能成功。最终，我体会到了前所未有的归属感，甚至是胜利的感觉。

为了实现目标，我们同甘共苦。在这个过程中，我们开始爱护彼此，相信彼此，同时也更加自爱和自信。这超出了我的认知，我从未有过类似的体验。事实上，如果当时我能够设计出最终的领导力团队建设方案，它肯定很像一个拓展训练项目，即用直升机把一群高管送到300多千米外的荒野，让他们自己想办法回家。我敢保证，如果他们能完成这个任务，他们将表现出一个优秀团队所具有的全部特点：无条件的信任、真正的责任感和无可争议的成果。为了完成生存这项重要的任务，他们分担痛苦，从而产生了对目标、对彼此的责任感。他们在挑战和妥协中磨炼技能，最终他们会认识到，为了克服共同面临的挑战，他们之间的差异是必要的。

在现代社会中，我们鲜少有这样的经历，但这却是我们的祖先随时可能遇到的情况。这固然是一种美妙的进步，但从某种程度上来说，也是一种遗憾。我们中有多少人有机会体验到那种团队的力量？能与之相提并论的经历屈指可数，那些人必须经过长时间的共同奋斗才能获得成功，如竞技体育运动员。

从这个角度看，我们就能明白为什么社区会成为人类生存和进步中一个基本而强大的单位。从最基本的意义说，社区是为了生存而合作的多个团体。团体自然形成的过程和他们为生存所做的斗争提供了创造优秀团队所需的各种因素。如今我们不需要这种斗争也能生存，因而失去了某种重要的东西。具有讽刺意味的是，这使得我们需要关于团队协作的专业知识和书籍（比如你手中的这本书）。而这曾经是人类凭直觉就懂的东西。

事实上，也许现代职场，或者说现代生活，造成的波折并不足以产生只有患难与共才能建立的深厚联系。它不一定能提供那种共同经历，因此无法让人们产生共识、共鸣和一种源自我们无法得见的视角的自制，即使从那些我们深知其动机充满善意的人的角度来看。

这就是团队的力量，它与社区的力量相似。当我们身处一个优秀的团队时，我们会感受到这样的基本框架：归属感、使命感、忠诚、责任感和促使参与度达到无可比拟的水平的爱。正因如此，团队才成为一种强大的工具，不仅可以完成重要的任务，还能让人们真正参与到组织当中。如果只是共享空间，肯定达不到这种参与程度。

团队激发并且满足了人们对于相互联系和归属感的古老而永恒的需求。能理解这一点并加以利用的组织将大大提高组织的参与度，反之则不然。这也将很好地帮助我们理解团队所能提供的归属感、共同目标、价值观和责任感的力量，继而努力模拟能够让人产生这些感受的环境。想象一下，人们在这种环境中将达成什么样的成就，你的团队又将得到多么大的力量。

人才发展在获取团队协作的巨大好处方面，占据独特地位，发挥首要作用。根据我的经验，很多领导者并不清楚团队精神对于组织的意义。他们没有意识到，团队精神才是提高组织承诺[①]、推动自发努力的关键。只要组建团队，就能完成许多工作。并且，如果团队建设得好，即使在解散之后，团队协作产生的团队精神也能长久地留下来。这种动态可能会构建起跨职能的联系和信任，进而实现问题识别、问题解决和普遍的组织职能。它还能建立促进协调与合作的人际关系。

如果人才发展部门可以有效地帮助领导者停下来思考

① 组织承诺一般指个体认同并参与一个组织的强度。——编者注

团队协作的好处，继而计划获得这些好处——无论他们面临的是什么问题，他们都有机会为塑造出色的组织文化作出贡献。在这种文化中，人们对彼此、对组织的忠诚和责任感将转化为高度的自发努力和组织承诺。这不正是我们想要得到的结果吗？每个人都在想方设法把组织建设得更好。人们始终信守对组织的承诺，积极主动地解决问题。当人们成为团体的一分子，共同完成重要的工作时，他们就会有这种表现。在培养团队精神的过程中，团队协作是我们可以利用的最强大的工具。

- 团队精神产生于人们为完成重要工作而共同奋斗的过程中。没有共患难，就不会产生团队精神，也就不会有团队。
- 优秀团队中会出现类似于社区中的那种强大而原始的人际关系。正是这种团队精神让人们对团队产生忠诚和责任感，不仅提高了团队的参与度，也提高了整个组织的参与度。

◎ 不同的视角与更好的想法

团队帮助我们找到更好的解决方案。独自工作的人从单一的视角看待问题，不可避免地会得出单一的解决方案。在团队中，抛开群体思维不谈，每个人的想法都会经受质疑，受到最恰当的审查，而最好的解决方案正是在这种质疑中形成的。这是极其重要的一点，也可以看作是多样性和包容性的好处。当我们拥有多种观点，经受了有意义的挑战，我们会得到更好的、可操作的解决方案。正因为团队由具有不同想法的独特个体组成，且致力于解决某个困难的问题，所以其为人们接受不同的观点提供了条件。

我曾经加入一个组织发展顾问团队，和他们一起费力地进行计划、组织和决策。作为一个团队，我们喜欢分享想法，但是我们很难把这些想法付诸行动。因此，我认为需要一个拥有良好的组织能力、更善于解决问题、观点更加实用的人加入我们的团队。于是，我建议找一个有工程背景的人来帮助平衡团队。结果他们大为震惊。“你是认真的吗？”他们摇着头说，“找个工程师？”

遗憾的是，他们最终没有采纳我的建议，我们只得继续煎熬。他们没有意识到，问题解决能力是一种关键的团队协作能力，我们需要它来克服严峻的挑战。他们也没有认识到，团队应该主动寻求不同的观点，质疑群体思维，招募具备必要技能的成员来解决他们面临的问题。

有意识地组建具备不同观点的团队并不难，只要你把这件事放在心上。不过，根据我的经验，领导者通常不会这么做。幸而这是一种能够加以培养的文化属性，人才发展便是培养这种属性的一种行之有效的方法。我曾经帮助几个组织创建机制，要求他们在成立团队时选取具有不同背景、专业和个性的人。例如，在一家制造业企业，我们设计了一套程序，要求在组建团队时必须把拟定的名单提交给上级领导团队，以便在每周的员工会议上进行复审。上级领导者需要考虑团队的组成是否合理，确保成员们不仅具备必要的技能，还拥有不同的个性和观点。这种复审通常几分钟就可以完成，却能有效保证最终组建起一个富有成效且充满活力的团队。这类程序可以确保领导者在组建团队时主动考虑这种动态，而不仅是希望团队拥有这种动态。它迫使领导者停下来思考团队的构成。

如此看来，团队协作是一系列相互联系的技能，可以通过实施辅助措施来提升。换句话说，认识到应该做什么是一回事，实际上去做什么则是另一回事。团队协作就是制定程序来确保观点的多样性。你可以在团队工作中加入问责环节。像我们前面所提到的那种把问责制发展为最佳实践的程序，对于确保团队绩效大有裨益。

这并不是说组建多元化团队的道路是一帆风顺的。你要小心只是把不同的人聚在了一起，却没有保证他们有必要的能力来处理分歧，或给彼此造成有益的挑战。若是如此，你可能会无意间种下苦果，阻碍团队的发展。我们将在后续章节中继续讨论对团队冲突的管理，但是可以这么说，包容的团队如果建设得好，一定优于同质化的团队。组建团队时牢记这一点，你就会获得多样的方法和想法。

◎ 创造共同的组织价值观和规范

团队还可以创造并改进共同的价值观和规范。对自己的价值观和规范有一致认识的组织会发现，团队能够对这些价值观和规范加以巩固和改进，甚至创造新的价值观和规范。在正确的领导下，朝着明确的目标，日复一日携手共事，优秀的团队会逐渐找到适合自己的合作方式。团队在发展并改善组织规范和价值观方面取得的成功，将进一步影响并改善整个组织的价值观。换句话说，如果组织领导者关注这一点，他们就会发现推动优秀的团队获得成功的那些因素，然后开始逐渐采用并且模仿那些行为和价值观。

不注意这一点的领导则会错过这些宝贵的经验。随着时间的流逝，有效的行为、价值观和规范往往会得到更多人的认可。当团队成功采用了特定的方法、价值观和规范，其成员就有能力，也经常会把它们运用到整个组织。

这种发展进化的动态——尝试不同事物，然后选取其中有效的那些加以利用的迭代过程——不仅适用于文化规范和价值观领域，同样也适用于操作性程序的制定过程。成功的团队可以通过广泛传播使其获得成功的团队规范和价值观，逐渐对组织文化产生显著的影响。从这个角度来看，成功的团队在塑造和重塑组织文化方面具有很高的价值。

例如，我曾经受一家大型区域性医疗保健机构的一个部门邀请，协助其领导者制定一套工作规范，其中就包括指派一名挑战者。这名挑战者的任务是在每一场会议上质疑团队的决定。无论团队的决定多么理所当然，挑战者都要想尽一切办法证明这是个糟糕的决定。他的工作本质上就是找出决策的错误之处，向团队叫板，逼迫团队为自己的决定辩护。这个角色由领导团队的成员轮流担当，接受培训之后，他们对此都游刃有余。

- 寻找拥有不同思维方式的人。多样的视角和经验有助于团队产生更好的想法和解决方案。缺乏不同的观点和技能时，团队常常能达成共识，但是得不到最好的解决方案。他们的预期中不存在阻碍，他们得出的解决方案也往往不会被组织采纳。
- 在团队协作的各个方面，制定程序以确保团队遵循规范和最佳实践都是很有必要的。在这种情况下，加入一个保证经验和观点多样化的环节，有助于组织有意识地组建多元化的团队。

这个简单的改变不仅大幅提高了他们的决策质量，还提高了他们以建设性的方式向彼此提出质疑的能力。由于规则要求他们必须提出质疑，因此成员们不必勉强鼓起勇气来挑战团队，也不必担心被视为唱反调或背叛团队。团队成员不仅被允许提出质疑，而且被要求必须这么做。这是一种强有力的规范，它释放了一定程度的创造力，提高了决策质量，也培养了成员提出建设性意见的能力，推动团队获得比以往更大的成功。

久而久之，随着这些团队成员进入组织的其他部门，他们也会带去这种规范，在新的职位上实施这种规范。更大范围内的文化也将随之向更好的方向改变，而这都归功于团队一开始做出的小小改变。总而言之，团队的努力有助于推动组织的发展。

新规范在改善决策质量、提高团队参与度和培养团队成员提出建设性质疑的能力等方面取得的成功，表明了为成员提供质疑的空间是一种有利的规范，将帮助组织实现更大的目标。换句话说，质疑能够改善任务的结局，提高组织对结果的满意度。

这一改变的载体是团队。这并非一种即时而广泛的组织变革（这类变革反而有可能失败），而是一种由团队发起的渐进式改变，意在改善工作结果，提高团队成员的满意度。利用团队从本质上试行新规范可以为其实用性提供有力证明。随着时间的推移，如果组织开始奖励质疑，而不是做出惩罚，那么一种新的组织规范便产生了。这也意味着一种文化在潜移默化中发生了改变。

有意识地利用团队来挑战群体思维和更广泛的文化问题，能够产生无可估量的影响。比起用演示文稿或文章来打动领导者、试图转变其观点，成功的团队能够以实际行动证明，换一种思考方式和做法将切实改善领导者关心的那些指标。

- 团队可以创造对组织文化有积极影响的新做法。组织应该主动关注团队制定的那些具备附加价值的方法和程序。
- 制定程序和制度来明确团队责任、推动团队发展、提高成员的质疑能力。制定类似的程序能保证团队朝着正确的方向发展，专注于目标，同时确保团队正常运作。这些程序生效之后，能够被传递到整个组织，从而以有益的方式逐渐改变组织文化。尽力去完善这种制度和程序，然后推广到整个组织。

◎ 结论

团队的价值不可估量。团队能完成大量的工作，这毋庸置疑，但这也只是它最显而易见的一个好处。优秀的团队往往能更准确地判断问题产生的根本原因，制订更有效的解决方案，最终解决问题。更重要的是，团队中会产生信任和团队精神，继而提高参与度。长此以往，这种动态将惠及整个组织。在完成重要工作的过程中，团队成员共同奋斗，产生的团队精神在团队解散之后仍会继续存在。成员之间的关系也会保持下去。他们会继续和彼此接触，分享见解，协调合作。但是，团队协作也面临挑战。在下一章中，我们将探讨其中的一些挑战，以及帮助我们战胜这些挑战的方法。

第三章
团队协作中的挑战

CHAPTER3

团队在协作中会遇到各种挑战，否则我们可能就没有必要写这类书了。例如，我们一方面要保证团队中存在不同的观点，另一方面又要尊重服务于组织的文化，两者之间存在矛盾，在其中取得平衡是一件棘手的事。此外，在保证团队的成功离不开每位成员的贡献的前提下，如何分配工作也是一个值得考虑的重要问题。让我们逐一来进行分析。

◎ 工作的分配

影响团队领导者与成员之间关系的一个关键因素就是工作的分配。当工作分配相对不均时，团队成员很容易感到沮丧。有的人任务繁重，有的人却几乎无事可做，这样很可能会出现问题。我们先前在讨论团队构成时说过，要确保每位成员拥有的技能和所做的工作对团队的成功而言都是不可或缺的。这种构成不仅会让成员感到自己被团队需要，随之产生一种内在的价值感，也影响着工作的分配。

在工作中，我很少看到有组织关注团队的人数及他们拥有的各种技能。团队人数过多会导致工作分配不均——有的人忙忙碌碌，有的人无所事事。团队人数过多还会让人产生“这件事肯定会有人做，我就不必管了”的心理。这会导致成员缺乏主人翁意识。因此，团队领导者必须注意团队成员的数量，还要保证他们拥有的技能和才能构成适宜的组合。这有助于确保每位成员都感到自己被重视，并且感到自己受到了公平对待。

帕累托法则（又称“二八法则”）是团队领导者和成员要考虑的一个重点。它适用于很多领域，但是在工作分配方面，帕累托法则意味着会有 20% 的人完成 80% 的工作。我相信大部分读者都在现实中见到过这种情况，或许这一点显而易见。但是，我们从帕累托法则中得到的启示应该是，你必须时刻保持警惕，观察是谁参与了工作，他们各自又承担了多少任务。

当然，在不同的时间段内，团队的工作有轻有重。有时，一群拥有特定技能的人在把工作移交给另一群拥有不同技能的人之前，已经完成了大量的工作。可以想象，一群项目设计师在辛苦工作之后把成果交给编辑，由他们进行细致入微的审核。这两个群体都为提供高质量培训项目的目标殚精竭虑，只不过发生在不同的时间段。因此，团队领导者和成员应该宣传团队成员的总体付出，这样所有人都会明白，其余每个人都为实现最终目标作出了重要的贡献。

如果有团队成员逐渐承担了过多的工作，你就要找出原因。也许是因为有的成员手里工作太少，需要团队指示他们去分担一部分工作，也许是因为具备某种技能的人太少。无论是什么原因，工作分配不均都是导致人心涣散和士气低落的一个重要因素。如此一来，要么负担过重的成员变得愤愤不平，要么其他成员开始怀疑自己的价值，也有可能两种情况同时出现。

团队领导者可能会忽略这种状况。毕竟工作总会完成，你手下那些表现出色的员工会保证任务不出差错。可能你也很忙，处理这种问题似乎是在浪费你的时间。团队成员也容易落入这个陷阱。毕竟如果有其他人在干活，那么你就不必费力气了。要警惕这种心理。短期内它可能算不上问题，但是长此以往，可能会对团队士气造成极大的负面影响。一旦团队成员察觉自己承担了过多的工作，他们可能会心生怨恨，想要脱离团队。

在后续章节中，我们会讨论质疑文化和好奇心文化，你可以有意识地利用它们来讨论工作分配。工作量和工作分配上的差异并没有什么不对，它是团队运作中一种非常重要的动力，因此团队应该特别注意在团队会议上谈工作分配的问题。

我曾经合作过的一个学习与发展团队就是这么做的，而且效果很好。经常问类似于“你的工作量合适吗？你的工作量给你造成了什么消极影响？有什么积极影响？”等问题，实际上给了参与者表达自我的权利。领导者应该经常和团队成员进行一对一的交流，深入了解他的团队，清楚每位成员承担了多少工作量，以便相应地分配和重新分配工作。这看似寻常，但其实是经常被忽略的基本的领导行为之一。与团队成员进行一对一的交流时，不仅要关注负担过重的情况，也要注意工作量过小的情况。

制定程序来保持对工作分配的关注是个好主意。正如我反复说的那样，没有程序规定，你就不大可能长时间保持注意力。工作和工作节奏就是这样，往往3个月过去了，你才意识到还没有检查工作分配情况。养成在每个月的项目状态会议上讨论工作分配的习惯。如果它成为你日程表上重复出现的事件，你就不会再忘记它。

- 要有目的地分配工作，让所有成员公平分担工作。还要和团队成员保持密切联系，以便了解每位成员的工作量。留意帕累托法则，根据需要对工作进行重新分配。
- 制定团队规范，鼓励并允许成员围绕工作分配展开有意义的讨论。成为优秀团队的条件之一就是分担团队必须承担的工作。
- 制定程序，确保团队领导者通过一对一的交流、频繁的小组会议，甚至公开可见的进度来监督工作分配。团队成员要能自如地谈论他们的工作量并寻求帮助。这不仅能加快实现目标，也允许团队成员参与其中。这种动态有助于创造利于优秀团队产生的环境。分担工作，或者说共患难，是现实中优秀团队诞生的先决条件。因此，团队领导者和成员必须确保工作确实由所有成员共同承担。

◎ 多元化团队与团队组建中的障碍

俗话说得好，领导者能走多远，取决于他马厩里的马。如果可供领导者利用的人才库里都是同一类人，那么他就找不到合适的人来胜任不同的工作，也就不能满足优秀团队产生的条件。所有领域和专业似乎都会遇到这种困境。

例如，高科技领域通常聚集了大批工程师、科学家和数学家。他们的气质、性格和他们接受的训练都有助于他们在领域内取得卓越的成就。但是他们往往缺乏多样性。人力资源部门也是一样，通常由世界观和学习经历相似的人构成。这不难理解。不热衷于和他人交流的人肯定做不好人力资源工作。正因如此，有时领导者可能确实想往团队内加入观点不同的人，只是苦于没有合适的人可供选择。这也与另一个事实相混淆，那就是每个人可能都已经参与了不同的项目，所以领导者并不能随心所欲地选择自己想要的成员。

有的组织确实拥有背景不同和观点独特的人，有助于组建优秀的团队，但是这种人的数量往往有限。外向、有创造力、能突破思维定式的工程师可能相对来说比较少见。在那些有意识地组建多元化团队的组织中，经常会出现这种情况，也就是组织里少数与众不同的人反复被选入不同的团队。

一旦接到指示，要保证团队成员具有多样的观点，领导者就会把他们挑出来。我曾在一家科技企业遇到一位工程师，她就因为同时加入多个团队和工作小组而身心俱疲。每次组织需要一个富有创造力和创新精神的角色时，她都会被选中。

对这一问题的简单回答就是，不存在简单的答案。着眼于该问题的根本原因，我们需要与招聘经理合作，确保组织招募到许多不同类型的人。领导者则必须在他对于职位的技术要求和他希望应聘者带来的其他特质之间进行权衡。

对于领导者而言，在技术或监管等职位的职位要求和组织的其他标准之间进行权衡，是一项很劳神的工作。为它们排优先顺序或许很难做到，但是认识到潜在问题是得出最优解的关键，或者至少能提高组织中异见的质量和数量。在组织缺乏多元人才的情况下，制定策略鼓励人们打破思维定式就显得很有意义。彩色团队（Color Team）是一种助力人们转变思维方式的策略。随着团队项目的开展，你可以有目的地组建短期的子团队，让他们专门负责以不同的方式进行思考。

例如，在项目开发的各个阶段，组建：

- 一个红色团队，负责挑错和预见问题。
- 一个紫色团队，负责提出创新的解决方案。
- 一个绿色团队，针对解决方案可能对整个组织产生的积极影响进行头脑风暴。

这个策略的重点是你可以在任何特定的时间建一个子团队，以保障你需要的那种思维方式。这样一来，其余人就可以尝试进行不同的思考。你不需要为此煞费苦心。团队可以在任何时候采用这种策略。它的作用只是提供一个推动多元化思考的框架。

我曾合作过的一个人力资源团队就很好地应用了这种策略。该团队由背景和个性相似的年轻人组成，他们个个朝气蓬勃。尽管他们相处融洽，而且迫切地想克服面临的一切挑战，但是他们并不擅长预见可能出现的问题。因为他们不喜欢质疑彼此，也不喜欢质疑项目的发展情况。于是，每当他们发现一个他们所认为的潜在问题，便会急于制订解决方案。质疑项目的发展情况或前提、假设不是他们的天性。反而是他们厌恶的行为。这导致他们的项目和计划往往不能解决问题，也不能达成目标。和许多受群体思维困扰的团队一样，他们很少能预料到面前的阻碍或发现问题的根本原因。团队里没有人愿意去挑战、质疑，或者从整体上思考为什么团队的路线是错的。

解决这个问题的办法，就是设定一个程序，让团队在项目初始阶段扮演彩色团队中的红色团队，就他们的假设和计划中出现的错误，以及计划实施过程中可能出现的问题展开头脑风暴。这将迫使他们走出舒适区。一开始，他们会显得有些笨拙，不过随着把这个环节固定在项目初始阶段，他们会越来越得心应手。他们开始能预见阻碍和陷阱，然后在计划的实施过程中积极地应对这些挑战。

在评估项目时加入这一环节，使他们不得不以不同的方式进行思考。如果团队中有人能自然而然地提出质疑就更好了。这样的话，也许这个环节就没有必要存在了。但是，即使团队中缺乏多元化思考，加入这个环节也足以使他们转换思路。而这往往能起到牵一发而动全身的作用。

- 组建多元化团队时，注意不要滥用手下的多元化人才。他们很可能身兼多职，被选进多个团队里。
- 如果你不能保证团队里有思维方式迥异的人，那就设定一个程序来促进发散思维。彩色团队是一种有益的策略，能迫使人们走出舒适区，鼓励多元化思考。
- 确保分享与众不同的想法不会招致危险，并且鼓励这种行为。

◎ 领导者和组织偏见

人会被同类吸引，领导者和团队也不例外。他们自然地偏好和自己像的人，也就是和自己拥有相似背景、看法、世界观和价值观的人。这很正常。

所谓的组织匹配其实是一种病，它会限制组织聘用、培养、提拔和选入团队的人的类型，降低团队效率，进而在更广泛的范围内影响组织效率。然而，对于这种职场偏见，还存在着一种功利主义的观点，值得我们考虑，也是我经常看到的。所有人才发展专业人士在考虑组织和团队构成时都必须关注这一点。

探讨组织文化的书和文章很多，但在我看来都过于复杂。简单来说，组织文化是组织在努力实现目标的过程中，以自己认为有意义的标准进行奖励和惩罚的产物。仔细想想的话，这其实很明显。例如，衡量医疗保健机构是否成功的标准不只是患者的治疗结果，还有患者的满意度。他们的组织文化深受这两个因素的影响。他们期望患者病愈，同时也在乎患者在治疗过程中的体验。医疗保健机构利用全面的标准和关键绩效指标（KPI）来跟踪这两项结果。高效完成KPI的人会受到奖励，完不成的则会受到惩罚。组织以此筛选出最能有效实现目标的行为。如果你脾气不好，还习惯以自我为中心，那么按照这些标准，你就不太可能在医疗保健行业获得成功（除非你是一名外科医生）。此外，天生倾向于以某种方式思考或做事的人，往往会选择支持其相应目标和价值观的职业。而逐渐形成的文化反过来会在一个良性循环中强化这些属性，长此以往，有利于改善患者的治疗结果和满意度。这对医疗保健机构和患者而言都是一件好事。

其他行业也是这样。再举个例子，制造业重视精确度和行动力。在这个行业中，人们很少有时间照顾情绪，也不迷信。而且在他们看来，自己的做法才是对的。因为那些行为和信仰对他们完成 KPI 毫无益处，准时和不超预算才是衡量 KPI 的标准。

在所有的组织中，领导者都自然地偏爱那些个性、兴趣和特点与组织的主要文化属性相匹配的人，而这反过来又与促使人们取得卓越成绩的属性相匹配，无论在哪个工作领域。面对这一明显的偏见，我们的第一反应是回避。但是从另一个角度看，它也可能是一种很有用的动力。无论是把一个不关注技术细节的人放在技术岗位上，还是让一个孤僻而寡言的人做客户服务工作，都没什么益处可言。有的人具备能帮助组织实现目标的属性，因此领导者倾向于聘用、培养和提拔他们并不奇怪。但是，当需要聚集不同观点来有效地应对组织及其团队的挑战时，这种方法不一定有效。

更糟糕的是，无论 KPI 是什么，也无论推动完成 KPI 的因素是什么，人们还是喜欢和相似的人待在一起。尽管这是一种自然现象，但是对组织健康无益。我们可以说，聘用与组织文化相匹配的人来确保我们能够完成 KPI，并且符合成功的衡量标准，这是件好事。但是很难说仅凭自己的喜好来决定聘用对象会给组织带来好处。从组织成功的角度来看，文化同质化的负面影响要远远大于你和酒友一起工作的正面影响。

这可能会导向一个明显的负面结果，即群体思维的产生和发展。同一个组织里的人本质上都大同小异，他们有相同的思考方式和价值取向，相似的成长经历和教育背景，性格往往也相近。这会导致他们每次都给出同样的解决方案、方法和答案。不过，这种情况确实也有好处——这正是它存在的原因。但是，当市场环境发生变化时，组织该如何应对？它的员工足够灵活，能满足顾客的新需求吗？它的团队能敏捷地转变方向，从独特的角度创新思考，以提供最大的价值吗？

例如，在20世纪60—70年代，核工业从很多方面来说都处在一个受管制的市场上。核监管环境严苛，而且成本高昂。1979年，三哩岛核事故发生后，该行业经历了巨大的监管改革，确保类似事件不会再发生。监管机构必须提高监管水平，这就需要投入大量的人员持续监控系统、流程、投入和产出，导致运营成本飞涨。这在20世纪80年代是可行的，因为当时的经营者可以相对容易地把成本转嫁给消费者。但是到了20世纪90年代，核工业开始放松管制。经营成本无法再转嫁给消费者，核工业开始艰难地适应新环境。

不过，虽然经营利润下降了，但是核工业依然是一个能够生存发展下去的行业。经营者发现，即使背负着较大的监管负担，他们仍旧能获得可观的利润，因为当时的能源成本相对较高。然而，水力压裂法的出现给核工业带来了第三次打击。天然气价格大幅下跌，能源成本呈下降趋势。这导致核工业的经营模式成本过高，难以为继。为了在能源市场上竞争，同时满足监管机构的要求，核工业采取的经营模式基本上是以每一天、每一次、每一件事的完美执行为核心的。完美成为他们追求的目标。但问题是，完美的代价难以估量。

例如，在核工业中，安全是首要考虑的问题——有人会说，在任何行业中都应如此。我们不能接受人们在工作时受到本可以避免的伤害。但是，绝对的安全意味着没有任何人受到任何伤害，这个目标是一种奢望。因为根据收益递减规律，在不断向完美靠近时，成本曲线将呈指数级增长。考虑到这一点，以及核工业经营中各个方面对完美的追求，很容易理解它面临的经济困境。我们也很容易看到，行业内那些信奉完美主义的领导者，正愈发艰难地根据不断变化的市场动态调整自己的商业模式。

那么，如何摆脱完美主义，满足于“足够好”呢？原先市场上资金充裕，几乎可以忽略对成本的考虑，但是现在，对成本的考量越来越重要，曾经为核工业带来巨大成功的群体思维已然不起什么作用了。

平心而论，核工业处境艰难，因为核工业的任何不完美都不会被公众积极地看待。但是在其他很多地方，“足够好”就可以了，只是行业内很少有人能有效地倡导这种改变。发挥领导作用的是那些以追求完美为依据建立心智模式的人，对他们来说，“足够好”几乎是一种背叛。他们会说，既然你要做一件事，就要把它做得完美。你可以从字面上理解这句话，也可以把它当成一种比喻。在很多情况下，做到完美才是“足够好”。

人才发展和组织发展文化也不例外。他们同样吸引有着具有相似背景和经历的人。他们读一样的书和文章，世界观往往也相通。他们经常很容易达成一致的意见。但是组织发展文化中的群体思维同样也会产生消极的负面影响。还记得在第二章中，我建议请一位工程师加入我们的组织发展团队时，大家是什么反应吗？

根据文化匹配度来选择聘用对象是很自然的，甚至通常是很有用的，但是它显然也有自己的缺陷。文化属性的存在和发展有着合理的原因，也向我们展示了它的作用，但是它会催生群体思维，削弱创新能力，降低组织的灵活性和适应性。因此，领导者和人才发展专业人士必须了解并警惕这种动态。指出群体思维下的行为，尤其是强调它造成的负面结果，能够促使领导者采取行动，将不同的声音、观点和思维方式融入组织当中。有意识地利用团队来证明不同观点融合在一起的作用，可以有力地改变那些诱使组织落入陷阱的文化框架。

- 群体思维有存在的理由。它经常能起到一定的作用。团队需要认可组织偏见的价值，因为它能够帮助组织实现目标。但是，群体思维也有明显的缺点，它会阻碍创新，降低组织敏捷度。
- 在可实现的范围内，坚持让不符合组织偏见的人加入你的团队。成立团队时，你可以创建一个提供检查点的环节，以评估团队的构成，确保团队的思想多样性。

◎ 结论

把多样化的人才纳入团队，同时确保他们代表着促使组织获得成功的那些文化属性，是非常重要的。为团队分配工作，同时确保团队中每个人的努力和付出都为成功作出了贡献，也是非常关键的。领导者和人才发展部门在组建和部署团队时，必须要有意识地考虑这些因素。这是团队走向成功的前提之一。在人才发展部门之内组建团队也不例外，但是有一些相对独特的因素会给人才发展团队带来阻碍。由于人才发展部门通常没有太多权力干涉各级组织，所以他们组建团队并且为团队成功创造条件的方式有时会略有不同。

第二部分
团队协作与人才发展

PART 2

第四章

团队协作在人才发展中的重要性

CHAPTER 4

在人才发展组织中，团队和团队协作的重要性达到了前所未有的高度。如今，组织的相互关联性要求人才发展组织建立关系，以达到最好的效果。从业者独自一人坐在小隔间里开发内容和流程的日子，如今已经一去不复返了。

根据我的经验，人才发展和组织发展之所以在许多方面遭遇失败，最常见的原因就是在制订变革和人才计划的过程中既缺乏高层管理者的支持，也缺少与各级组织和辅助组织的协调与配合。造成这种情况的原因有以下几点。

◎ 利用团队来确保资源投入

最主要的原因是，很多人才发展和组织发展计划与大多数高层管理者和上级领导者缺少关联，因此对他们来说并不重要。大多数情况下，上级领导者的工作时间完全被业务问题占据，根本没有动力去执行最新的人才发展项目或变革计划。尤其是那些意图改变广泛的文化规范和行为的计划，更是容易被他们忽略，因为这类计划不仅需要很长时间才能看到效果，还要求上级领导者在很大程度上改变自己的行为。面对这一现实，上级领导者往往会产生厌倦，以至于无论人才发展团队倡导的是哪种行为变化，都难以引起他们的重视。

例如，为了帮助某组织优化人才管道，推动人才发展，人才发展团队制订了一项职业规划计划。该计划要求领导者经常参与一对一交流，填写职业规划表，录入系统，并且定期和所有员工面谈，了解他们的准备情况。这看起来是个好主意，人才发展团队大张旗鼓地公布了这项计划。问题是各级组织在计划制订的过程中没有丝毫的参与感，自然也没有兴趣执行。他们已经有很多事要忙，而且也看不出这一连串流程能给他们带来什么直接效益。

换句话说，人才发展是做长远打算的一种活动。这种努力在短期内得不到回报。也许要经过多年的认真执行，才能看到人才管道和高级职位的发展性准备等方面的显著改善。尽管我们希望领导者能一眼看出人才发展活动的价值，但是在大多数情况下，这只能算是痴心妄想。而且就算他们看出了这类活动的价值，他们本身也不会得到任何好处。

更糟糕的是，前些年人才发展团队在制订计划时，没有和组织进行协调与配合，致使计划的实施并不成功。这一现象导致组织产生了这种看法，即无论人才发展团队制订了什么样的新计划，都坚持不了多长时间。业务领导者会翻个白眼，笃定这个新计划最后会不了了之，并且在一两年内被另一个计划取代。有的解决方案注定会失败，因为实际执行这些方案的人并没有参与到方案的制订过程中，而我们在这类方案上浪费了数不胜数的资源和时间。

假如人才发展团队在陈述问题的根本原因时，与上级组织进行合作和协调，并且在制订解决方案时，保证上级组织领导者参与设计，更重要的是，得到他们的承诺，那么他们的项目被组织采用的机会就会大得多。

谈到人才发展组织应该与各级组织合作制订人才发展计

划时，我仿佛听到了你内心的潜台词：“这还用说，我就是这么做的。”但是，不管走到哪里，我都能看到因缺少与各级组织的协调配合而导致的失败。仅仅在前期规划阶段和一两位上级领导者交流，得到他们的默认，然后就自作主张地把他们纳入开发团队，是远远不够的。这并不构成合作。上级领导者必须从问题陈述到生成解决方案，再到方案的实施，都实实在在地参与团队工作。如果上级组织没有派人加入团队，那么说明这个计划对他们来说不够重要，应该重新对该计划进行评估。

人和组织倾向于把资源和时间优先投入对他们来说重要的事情上。当我说我没有时间健身时，也是这个道理。事实是，如果健身对我来说足够重要的话，我肯定能挤出时间做这件事。在我看来，制订人才发展计划的第一步是由人才发展团队领导者得到高层领导者的承诺，将有效的资源用于问题陈述。如果你不能说服高层领导者分配适当的资源，那么你的问题陈述就会缺乏说服力，或者让高层领导者认为这并不是一个值得解决的问题。人才发展团队和上级组织的合作是让整个组织有效地参与进来的关键。

但是我经常从人才发展专业人士那里听到不同的意见，

说高层领导者不理解他们计划的重要性，因此不会分配资源来提高计划获得成功的概率。例如，许多高层领导者觉得为人才发展计划提供有意义的支持是在浪费时间和资金。而人才发展专业人士坚持认为，无论高层管理者是否赞成一项计划，他们只有看到计划付诸实施，才能认清它的价值。换句话说，这种想法的意思是，只要我们制订并实施计划，管理者就一定会看到它的重要性和价值，继而产生责任感。但问题是，没有管理者的支持和资源投入，计划往往不会成功。这时管理者就会缓缓点头，心想“我是对的。那果然不值得投资”。因此，以后有新的计划时，他们就更不可能投资了。

要想挽救这种局面，人才发展组织必须利用团队的力量。人才发展组织需要探索组建和运作团队的最佳方式，建立模型，然后运用该模型与各级领导者合作，小范围地试用他们的计划。一旦该计划显现出价值，就会促使管理者投入有效的支持和资金。无论你正在制订什么样的变革计划，这种做法都有无可比拟的重要性，在人才发展领域内更是如此。

我一次又一次地看到大规模的变革计划被制订出来、付诸实施，却没有得到足够的支持。缺乏支持在很大程度上预示了计划的失败。屡次的项目失败或达不到预期收益不仅会使当下的团队意志消沉，也会影响将来团队的士气。虽然本书不讨论变革管理，但是这种状况直接影响着当前和未来团队的行为和成败——成功孕育成功，失败招致失败。

如果你把团队置于通往失败的轨道上，那么无论你作为团队领导者或成员做得多么出色，都无济于事。成立团队之初，最重要的就是得到高层管理者的鼎力支持，从而确保团队朝着成功的方向前进。你可以预先获得他们的支持，也可以通过小范围的试用计划来彰显其价值。随后，你需要组建一个有相关组织参与的团队，这样一来，最终计划的使用者也是共同制订者，他们实行变革的概率将大大提高。这就为团队的成功打下了基础。

- 与领导者签订协议，确保无论你的团队要做什么，受到这件事影响的人都会给予足够的重视。也确保你们的解决方案不会造成更多的问题。如果得不到领导者的承诺，团队制订的方案很可能会失败，犹如昙花一现。
- 认识到小规模试用在彰显价值方面的力量。组建团队是为了解决问题，但是这个问题往往不被组织中的领导者所理解或

感知。团队给出的解决方案对他们而言不过是增添了额外的工作。即使人才发展团队确认方案是有价值的，只要组织看不到这种价值，他们就不会分配足够的资源，最终就会得出方案没有效果的结论。如果有优秀的领导者带领一个结构良好的团队自主制订了一个具有附加价值的解决方案，那么通过小规模试用，该团队就能向组织内的领导者展示该方案的价值——这往往足以使团队获得继续前进所需的支持。

- 如果试用结果是负面的，也没关系。团队不应该执着于一个缺少数据支持的方案。团队领导者和成员能够，也应该，持续监控计划实施的进度和结果，确保最终方案的价值和可行性。

◎ 团队协作与人才发展能力

我们先前已经讨论过，超出人才发展范围的团队和团队协作有助于确保获得资源投入和高层管理者的支持。不过，在掌握技能时，团队协作对于人才发展专业人士来说很重要。

我们可以借助人才发展能力模型来理解这一点（图 4–1）。

在提升个人能力领域，团队协作能力自然而然地影响着一个人的协作和领导力，包括促进合作、营造鼓励互相尊重的环境、有效沟通、提供反馈以及评估他人的工作。团队协作对于项目管理也很重要，例如，在有限的时间内，通过计

个人提升能力	专业发展能力	组织影响能力
• 沟通 • 情商与决策 • 协作与领导力 • 文化意识与包容 • 项目管理 • 合规与道德行为 • 终身学习	• 学习科学 • 教学设计 • 培训交付与引导 • 技术应用 • 知识管理 • 职业与领导力开发 • 教练 • 效果评估	• 业务洞察力 • 咨询与业务伙伴 • 组织发展与组织文化 • 人才战略与管理 • 绩效改进 • 变革管理 • 数据与分析 • 未来准备度

图 4–1　人才发展能力模型

划、组织、指导和控制资源来实现特定目标的能力。如前所述，团队协作能力有助于提高你的意识，使你更加关注团队构成的多样性和包容性。

在专业发展能力领域，当你为了促进学习、最大限度地提高个人绩效以及发展员工的能力和潜能而制定程序、制度和框架时，团队协作能力也发挥着重要的作用。即使是独立工作的人才发展专业人士，也需要以团队的形式与组织内的其他人合作，设计并交付培训、职业规划和领导力开发项目。

在组织影响能力领域，随着人才发展专业人士的团队协作能力不断提高，他们得以更好地提高组织绩效、生产力和业务结果。团队协作能力影响着你作为绩效顾问和业务伙伴为你所支持的职能服务的能力，也影响着你促进和推动变革的能力。

◎ 结论

我们先前已经讨论过团队对组织的重要性。团队的存在不只是为了完成工作，它作为一种强大的工具，不仅可以解决问题，还可以通过引入新的行为和文化规范推动积极的文化变革。最好的高层领导者会建立规范，让团队自行陈述问题的根本原因并加以解决。而优秀的团队会通过质疑和探究优化决策，进而制订解决方案。从事重要工作的成功团队将为成员内心注入归属感和使命感，提高成员的参与度，激励他们自发努力去发现问题，设计并实施创新的解决方案。结构良好的团队也会营造出一种多元而包容的文化，重视并寻求不同的观点、经历和背景。实质上，团队文化是你可以利用的最强大的差异化因素之一，有助于提高组织的参与度和赢利水平。

考虑到团队对组织的重要性，我们有必要思考如何才能最有效地领导团队，以及如何才能为团队做出贡献。我们可能天生就喜欢以团队的形式工作，但是这并不意味着我们一定善于团队协作。同其他能力一样，团队协作能力也是可以后天培养的。尽管我们本能地会与他人建立联系，并且希望通过各种方式和他人相处，但是优秀的团队领导者和成员必须掌握一些软技能，以提高团队效能。

在工作中，我经常被召集去帮助团队提高效能。多年来，我一直和团队一起工作，针对我希望团队具备的特质列出了一张清单。团队在这几个方面做得好时，就更有可能取得好的效果。团队发展不是一系列不相关的技能和属性的发展，而是一个迭代的过程，在这一过程中，采取某些行为和行动会促进与之互补的行为和行动的发展，从而得到预期的结果。这些行为互为基础，形成一个良性的发展循环，最终生成一个高效的团队。每完成一步，团队才有可能继续前进，迈向下一步。

换句话说，虽然我们可以逐一培养团队协作技能，比如组建多元化的团队，或者对不同的观点持开放态度，但是只有完善团队协作的全过程，这些能力才能发挥作用。如果缺乏有效的团队协作环境，这些技能的效用也会随之减弱。我们都曾有过这种经历，即身为团队成员的我们尽力向多元化观点开放，但是团队文化并不重视不同的观点。也就是说，如果团队文化不合理，那么我们自身的团队协作能力也不会发挥积极的作用。我们很有可能因此受到打击，想要脱离团队。

这一过程的模型如图 4–2 所示。如果没有重要而明确的目标，人们很难产生真正的好奇心，也就不会对现状进行有效的质疑。毕竟，如果工作根本不重要，那还有什么可好奇的呢？当我们怀着真正的好奇心来看待我们的工作和团队时，我们就拥有了更大的权力去提出问题、质疑彼此。正如我们所见，建设性的分歧和对抗会带来不同的想法和观点，以及更好的解决方案。这样才能高效地向前发展。

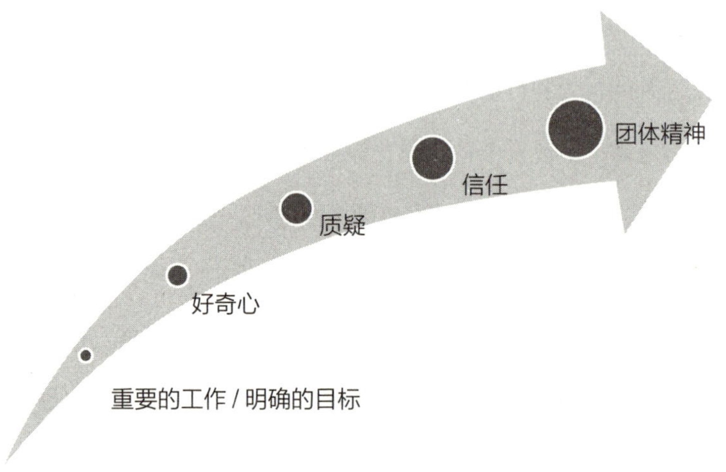

图 4-2 团队效能发展

随着团队成员相互磨合、努力完成一项重要的任务、一起苦思冥想、试图解决分歧，信任便出现了。一旦我们意识到我们可以彼此依赖，我们值得信赖，我们不仅在乎手中的重要工作，还在乎彼此，我们便开始相互信任。优秀团队所展现的团队精神和归属感就是在这个基础上产生的。随后，团队还将产生忠诚，不仅对他们的重要工作忠诚，也对彼此忠诚。其他模型虽然也概括了团队的各个特征，但是它们往往没有概述建设优秀团队的行为。

在后续章节中，我将带你逐步探讨这个模型，帮助你利用团队协作的力量来提高组织参与度，推动组织取得成功。

第五章 表述工作

CHAPTER 5

你是在砌一堵墙，还是在建一座大教堂？我们在工作的时候，经常认为自己只是在砌一堵墙。毕竟从某种意义上说，一座大教堂就是很多堵墙的集合。但是这种说法不太能鼓舞人心。一堵墙也许很重要，但是这种表述会让人觉得这项工作不值得他们倾注全力。然而当我们在建一座大教堂时，视角就完全不同了。在这种情况下，我们是在创造某种宏伟的东西。虽然我们只参与了其中一小部分，但是这个整体极有可能会改变世界。

要知道，约克大教堂历时 252 年才建造完成，比美国的历史还要长。这项工程于 1220 年开工，1472 年竣工。几代石匠、木匠和项目负责人在这里工作了几个世纪，它也被誉为阿尔卑斯山脉以北最壮丽的大教堂。这项工作对他们来说该有多重要，才使得他们把毕生心血都倾注于此？毕竟，如果只是在砌一堵墙的话，他们肯定不会这么做。哪怕从本质上说，他们确实只是在砌墙。对他们而言，整体工作的重要性足以使他们为之奉献终生。

现如今，我们所做工作的重要性可能达不到这种高度。但是用这个问题来表述工作的价值——“我们是在砌一堵墙，还是在建一座大教堂？”——是一种颇具启发性的练习，可以帮助我们理解我们工作的原因。

◎ 为什么说表述工作很重要

我们在前面已经提到过这个问题。但是它值得我们反复强调。重要的工作是提高团队效能的主要动力。高效的团队需要每位成员的奉献、努力和投入。如果人们所从事的工作无足轻重，那么他们就不太可能付出使团队呈现出最佳表现的那种努力。

很多时候，领导者并没有认真考虑这一点。他们把一群人聚在一起，投入工作，却没有仔细考虑如何表述这项工作。然而，工作的重要性才是建设高绩效团队的基础。为了完成重要的工作，人们不仅愿意努力工作，还愿意参与到一些令人不安的过程中，比如建立信任、放下防备、相互质疑，以及对对立的意见或观点感到好奇。重要的工作使人降低自我意识，投入集体的努力中。重要的工作也是促使高绩效团队做出一切功能性行为的原因。没有它，这些功能性行为便不会发生，我们也无法建立起一个真正的团队。因此，如何向我们的团队表述工作是关乎团队成败的一种领导力和技能。

重要的工作指的是有意义的工作，它试图修复某些东西，或者开发或创造出一种能为组织提供更大价值的新产品或服务。重要的工作旨在产生一定的影响。这是很关键的一点。根据这一定义，组织中有大量的工作都不那么重要。很多工作是以行政或维护为导向的，目的是维持机器运转，保证组织的齿轮正常转动。说它重要，是因为它推动组织持续运作，但是论及对人或团队的激励作用，它又没那么重要了。

还有一种工作是向更大范围的组织宣传自己的部门，证明其重要性或价值，我称为品牌管理。这种工作的重要性更低。它在人力资源和辅助部门很常见，因为这类部门对那些实际为公司赢利的核心部门没有直接影响，而且难以量化自己的价值。

例如，你很难量化一个领导力发展项目的投资回报率。正是因为价值无法衡量，辅助部门便会制造一些东西来代表价值，如产出成果的数量。换句话说："我们也许无法用数量来计算价值，但是我们一定能产出很多东西！"多年来，我见过许多辅助部门管理者热衷于品牌管理，将资源用于展示自己部门为组织创造的价值。这种现象在很大程度上受一种观念的影响，即我们必须产出一些东西，任何东西都可以，但不能竹篮打水一场空。因此，辅助部门管理者会为一些细枝末节的问题制订解决方案，然后提交给组织，以证明自己的价值。

笼统地说，这种做法很危险，尤其是涉及团队和团队协作的时候。据我观察，人们一般都能意识到自己从事的工作并不重要。当工作明明不重要，管理者和领导者却为了让团队成员相信其重要性而夸夸其谈时，他们其实能察觉到对方的虚伪。

这种情况不仅阻碍团队协作发挥作用，还会破坏信任，滋生厌恶。久而久之，这种厌恶情绪将渗入组织未来团队的心中。面对这种琐碎而缺乏意义的工作时，人们自然而然地开始怀疑未来团队和工作的真实性。因此，我强烈建议读者诚实看待自己的工作，以及你们为组织中的团队分配的工作。最好对工作和工作动机都坦诚以待。

◎ 表述工作的重要性可作为试金石

从这个意义上说，表述工作的重要性就像一块试金石，它可以检验你是否真的应该去做这项工作。如果你不能通过某种重要的方式把这项工作与推动部门、组织、社区甚至世界的发展联系起来，那么它可能并不值得你去做。这一点很重要。因为完成不重要的工作不仅浪费时间和资源，而且如我们所见，它会对所有参与其中的人产生负面影响。

一种有效的策略是如实地陈述你做这项工作的原因，然后看看它听起来是否荒谬。如果是，说明这的确有可能是一项荒唐的工作。例如，如果我说：“我们做这项工作是为了让组织觉得我们有用。”那么，肯定会有人觉得这不是个好理由，这个项目也不值得我们投入大量时间和精力。

或者想象一下，假设一位领导者说：“这次网络研讨会的举办将极大地提高我们领导者的领导能力。”不相信网络研讨会能有这么大作用的人听了，可能会因此下结论，说这项工作根本不重要。但是网络研讨会可能确实有一定的价值，只是不像领导者所表述的那样。换一种表述方式，可以说“网络研讨会将逐步为我们的学习历程增添价值。”这更符合事实，更诚实，也更有可能被人们理解。

你也可以这么表述：“此次网络研讨会是一项重要的发展战略的一部分。”不要过分吹嘘。网络研讨会本身在大局中可能没有那么重要，但是它可以逐步为推动这项发展战略作贡献，这就凸显了它的重要性。

上述例子向我们表明了，遇到看似不起眼但实际上非常重要的工作时，该如何对它进行表述。这是一种关键的团队协作和团队领导力技能。有的工作之所以看似不重要，是因为它被囊括进了另一项重要的工作。找到它和这项重要工作的联系，你就可以恰当地把它表述给团队。你甚至可以利用团队来发掘工作的重要性。这么做能够促进有意义的交流，可能会使团队成员对工作的相对重要性产生清晰的理解。

表述重要的工作时，我们可以通过问下列问题来确定它的重要性。不一定每个问题都适用，但至少有一部分适用。请问：

- 有效推进这项工作对整个组织有何影响？
- 组织将得到哪些好处？
- 这项工作对我们实现目标和愿景有何实质性的帮助？
- 这项工作与个人及其在组织中的发展和前景有何联系？
- 这项工作与潜在的团队成员目前感兴趣的东西有何联系？

◎ 表述工作以激发兴趣

在团队协作和团队组建中，表述工作的重要性是一种极为重要的技能。如前所述，如果工作不重要，那么你可能不会拥有一个真正的团队。此外，表述工作的重要性在激发热情和提高参与度方面也至关重要。因为即使工作确实很重要，但是如果团队不这么认为，那么它在功能上也就变得不重要了。二者的区别很明显。你能够，也应该，通过各种方式传达工作的重要性，吸引潜在的团队成员。

一旦确定了工作的重要性，你就可以进一步激发团队成员与工作相关的兴趣。即使这项工作一开始对他们个人的吸引力不强，你也可以利用以下事实来吸引他们，即他们必须做好这件事才能在组织中获得晋升，或者这项工作与潜在团队成员非常感兴趣的东西有重叠的部分。建立这种联系有助于培养他们对当前任务的兴趣。

我曾与一位注重多元化、具有包容性（Diversity and Inclusion，简称“D&I”）的专业人员共事。她被指派加入一个开发业务培训项目的团队，而我负责指导该团队的一位领导者，以帮助这位 D&I 专业人员理解，制定业务培训项目与提高组织的包容性之间存在着具体的联系。在这一职位上，她有机会把自己的专业知识融入培训项目的开发中，使项目不仅能满足业务需要，也能影响业务文化。

请一位 D&I 专业人员加入团队，为业务培训项目把关，可以让团队更好地理解业务流程和业务文化是如何从包容性文化中受益的。而她不仅能影响业务文化，也能更好地理解业务部门如何运作、他们关心什么和他们行为背后的驱动因素是什么。

有了这种理解，再加上她在团队中建立的联系，她将有更大的能力在整个组织内实施包容性文化实践。该团队制作的培训内容也将继续影响所有业务员的行为。一旦她理解了这种联系，明白加入这个团队将赋予她更大的影响力，她的热情会被迅速点燃。

在这种情况下，领导者对工作的表述使她意识到，相比独立工作，参与团队合作将使她对组织产生更大的影响。在此之前，她更关注独立工作，也认为这是她在提高组织包容性的过程中应发挥的作用。但是，加入业务培训项目团队让她大开眼界，发现与组织进行实际接触不仅能有效提高组织对包容性的关注，也能切实地把它融入业务培训项目中，从而对员工和领导者产生长期影响。

这个例子不仅体现了对重要工作的表述，也体现了对它的重新表述。你应该随时观察团队对工作的看法，必要时重新对它的重要性进行表述。始终把工作的重要性放在首要和核心的位置是一种最佳实践。时不时地重新表述工作也很有必要。重新表述时可以运用同样的表述技巧，把工作与重要结果以及组织和人的需求联系起来。

如果有的人不感兴趣怎么办？你应该承认并且接受，人不可能对所有工作都感兴趣。不感兴趣不意味着这个人的失败。通常情况下，当人们不得不加入团队时，他们不能表明自己不感兴趣。一旦表现得不感兴趣便会遭到排挤的这种现象应该从组织文化中剔除。人们应该被允许，甚至被鼓励如实地表明自己不感兴趣。这将使你拥有更好的团队。

◎ 尊重重要的工作

高绩效团队以重要的工作为基础，因此组织必须尊重这样的工作。但是领导者常常会把重要的工作和不重要的工作混为一谈，削弱了重要一词的价值。我们组建团队通常是为了让他们执行需要高度奉献精神和自发努力的重要任务。一旦他们发觉自己受到欺骗，自然会降低参与度。我见过太多团队因为发现工作并不重要、组织在未说明原因的情况下转变方向或者缺乏决策和制订解决方案的自主权而灰心丧气。由此造成的损害程度深、时间长、范围广。

结果就是，重要的工作被当成一时兴起。我们都曾见过项目和计划大张旗鼓地推出，却没有得到真心实意的接受，次年又被另一个项目取代，而新项目要解决的仍是同一个问题。组织对新项目充满厌烦和怀疑，参与度很低，等着新项目退出舞台，并且坚信下一个项目近在眼前。

夸大工作的重要性也会产生类似的后果。领导者可能会在分配任务时说“这项工作对我们的组织至关重要”，随后却又放弃它，不再提供资金或有效的支持。那么下个季度当他再以同样的理由组建团队时，心存疑虑的成员可能会决定只付出与上一个团队目标要求一致的努力，而这种努力是远远不够的。

面对由你领导的团队，你应该坦率地告诉他们工作的价值、团队工作的界限和期望中的结果。明确这几点不仅能有效地确定团队的方向，还能促使领导者思考启动团队工作可能造成的后果。当然，承诺是会被打破的，但是向团队明确这几点之后，故意破坏信任所产生的道德风险将成为一种有力的工具，帮助你实现自己的承诺。你要与团队分享以下要点：

- 工作的重要性：这项工作有多重要？我们将获得哪些附加价值？请具体描述。
- 支持水平：管理者对团队的支持水平如何？
- 资金：资金限制有哪些？
- 自主权：团队在进度规划方面有多少自主权？
- 对跟进及实施的承诺：在后续跟进方面，组织对团队的成果作何承诺？

我发现团队领导者一般不愿意主动把他们和组织对团队的义务明确列出来。这并不难理解。超出他们控制范围的条件和环境会发生变化，因此他们宁愿让事情处在模棱两可的状态，为自己留出回旋的余地。这看似明智，但其实这种策略会辜负组织和团队的信任。人们理解世事无常，也愿意接受自己的辛勤付出可能会化为乌有的现实。但前提是组织要坦诚地把这种情况告知他们。因此，你要尽可能地对你的团队诚实。

如果你要成立一个团队，一个真正的团队，那么就要给他们分配重要的工作，以及与这项工作相匹配的自主权、资金、计划和支持。你要以能够彰显其价值的方式如实地表述这项工作，还要把团队的努力和以某种令人自豪的方式显著改善某些事情的结果联系起来。

在人才发展组织中，对重要的工作进行表述有时会很难。维持核电站安全运转、照顾医院里的患者、教育孩子和维护社区安全等工作的重要性不容置疑。但是在许多领域，我们很难直接画线以界定工作是否重要。

但是我要说的是，人才发展专业人士所做的工作，如果完成度高且重点突出，其实是很重要的。毫不夸张地说，人才发展和学习与发展专业人员本质上是在帮助领导者和员工达成希望，实现梦想。这听起来有些不切实际，但是听我给你讲个故事你就会明白了。许多年前，我参与设计了一个人才发展项目，让工会成员能够凭借各自的技能和潜力晋升为主管。这在组织中并不常见。因为职位晋升以工作年限为基础，而不是技能或潜力。多年来，工会都不能接受把资历较浅的人提拔到更高的职位上。

从人才发展的角度来看，这种状况并不乐观。经过多次谈判，工会终于同意以试点的形式实施这个项目。我们制定了一个典型的领导力发展项目（很多读者都不陌生的那种）以培养高潜力技术工人的能力，使他们胜任主管的工作。试点工作完成后，我们的第一批培训对象顺利结业，一个新上任的主管来到了我的办公室。他身材魁梧，不苟言笑，前半辈子全靠拧扳手过日子。他感谢我让他有机会参与这个项目，并且最终成为一名主管，说话间他的眼里涌上了泪水，让我震惊不已。他说他从没想到能升职，收入的增加使他能更好地照顾他有特殊需要的孩子。他是个很好的领导者。

就在那一刻，我深刻感受到了我为之奉献一生的工作的重要性。我的工作，以及整个团队的工作，不仅直接帮助这个男人更好地照顾家人，也帮助了他将来要领导的人。作为领导者，他将有能力继续帮助他的直接下属达成希望，实现梦想。

每当感到沮丧或者觉得自己的工作没有意义时，我都会回想起这个故事，这已经成了我的一个习惯。它改变了一个人的命运。这才是重点。它在这个世界上产生了一定的影响，让与我们共事的人和与我们有接触的人的生活变得更好。

从这个意义上说，在表述人才发展专业人士所做的重要工作时，建立这种联系应该不算特别困难。无论你是在设计一个入职培训项目，还是在建立一个领导力发展模块，抑或是在培训一名高管，你的工作都从根本上改善了人们的生活。你可以直接帮助他们成为更好的领导者、更好的贡献者和更好的团队成员。领导或者加入某个团队时，你可以利用这一表述，持续关注与你所做的重要工作之间直接而明确的联系。

这么做的一个附加好处是，当人们从事重要的工作时，他们会认为自己也是重要的。而当人们感到自己受重视时，他们往往会付出与工作价值相符的自发努力。换句话说，人们对工作重要性的感知直接影响着他们对自身价值的看法。那么当人们认为自己对于完成某件有价值的事很重要时，他们会作何反应？答案是投入。

- 表述工作的重要性是最重要的团队协作能力。通过表述，我们可以把重要的工作与一些对组织、团队、社区乃至世界有价值的有形之物联系起来。工作对谁重要不是重点，重要的是让团队相信这项工作值得他们投入时间和精力，值得他们为之做出牺牲。
- 提前明确工作的重要性。它的贡献有意义吗？它能创造价值吗？它能解决问题吗？它值得团队为之努力吗？
- 不要在工作的重要性上造假。这将削弱人们日后对重要工作的兴趣。诚实对待你所做的工作就是在尊重重要的工作。
- 围绕工作的重要性与团队成员展开交流。不要因为人们否认某一特定工作的重要性而惩罚他们。相反，要奖励那些质疑工作重要性的行为。在团队文化中建立这样一种观念，即我们不做不重要的工作。
- 专注于重要的工作，保证它的首要和核心地位。在团队开会或核查项目状况时反复重申工作的重要性，确保团队步调一致，有的放矢。团队成员能够，也应该，相互提醒他们做这项工作的原因。不停地重复工作的重要性似乎有点过分，但是我们的确太容易忘记我们付出这么

请思考

多努力的根本原因了。

- 随着环境变化及时更新你对工作的看法，并且在必要时重新对这项工作进行表述。如果最初的表述不再能凸显重要性，而且团队存在的根本原因发生了变化，那么一定要重新表述，以表明工作有新的重要性。例如，当工作的重要性从大范围的组织影响转变为小范围的部门影响时，并不意味着这项工作不重要了，只说明重点发生了变化。这不要紧。
- 如果一项工作很重要，那么要提供与其重要性相匹配的自主权、资金和支持。允许团队找出问题的根本原因并制订解决方案。确保团队的产出获得的支持和尊重能够提高当前乃至未来团队的参与度及努力程度。

◎ 确保团队的自主权

自主权是重要工作的一个关键属性。这对团队而言是一种挑战，尤其是当高层领导者没有给予他们足够的空间去做问题陈述并理解根本原因的时候。高层领导者通常会自己做出问题陈述，然后把任务分配给团队。团队只需按照步骤执行即可。但是从很多方面来看，这都不是理想的状况。正确的方法应该是提供一个潜在的问题陈述，然后让团队去核实它的准确性。领导者要允许团队去了解它能否解决造成问题的根本原因，并且给他们空间去制订有效的解决方案以解决这一问题。

我曾经在与一个人力资源团队合作时，看到了一个限制团队自主权对团队效能产生不良影响的例子。彼时，一走近会议室，我就觉得不对劲。几名团队成员坐在桌旁，满脸愁容。团队领导者尼克抱着胳膊，站在房间后面。我朝他点头致意，他无奈地扬了下眉毛。

“这是怎么回事？”我问他。

他耸了耸肩：“他们不接受我们对人力规划项目的建议。”

我只能回一句：“哦。”打量过房间里那几张写满了失望的脸之后，我问：“他们是怎么说的？”

“还是原来那些。预算限制之类的。愚蠢。我真为这群人感到难过。”他指的是这个团队，“他们为这个项目付出了很多，也对此感到很兴奋。但是他们却拒绝了我们提出的大部分建议。”

我点头表示理解，停顿了一下，让他继续说下去。

“没办法，现在我们不得不费很大功夫去实施一些我们都确定将毫无用处的计划。我的意思是，组织面临着严峻的人力规划问题，我们也认为我们的解决方案肯定能改变局面。但是看看他们。”他遗憾地朝团队成员们点了下头，“没戏了。”

我没什么可说的了。

这个公司的高层管理者确信他们需要一种新的人力规划手段来记录人员流失并提前做打算，以此保障人员稳定和员工总数。他们选定了新的规划手段，然后成立了一个团队来负责研究其特性，推荐最有效的模块，并且制订实施计划。该团队积极地投入工作中，勤勤恳恳地从各个利益相关方收集证据，做了全面的需求分析，然后推荐了最能够有效记录员工总数、为人员流失做准备并且与招聘部门相协调的模块。然而，高层管理者修改了他们的建议，并且决定采用效果差得多的其他模块。该团队试图告诉高层管理者，他们选定的模块无法充分解决现有问题，但无济于事。据高层管理者所说，此事已成定局，考虑到成本，他们负担不起团队建议的模块。

结果不难预料，团队的辛勤付出付诸东流，而且要继续投入大量的时间和精力去执行一个他们明知不会有效的计划。他们的工作失去了重要性。从那一刻起，该团队的工作效率也降低了。当然，他们还是会把任务完成，但是团队的参与度、创新性、认真程度和积极性都不如从前了。这项工作变成了一件苦差事，从团队执行的速度和质量上都看得出这一点。

决策时总是要考虑到成本问题，事态偶有变化也很正常。但是哪种方法更有效呢？如果要求团队制订最有效的解决方案时，给予他们问题陈述、预算范围和足够的自由，会出现什么样的结果呢？这会是一种更好的方法吗？答案是肯定的。但事实是，高层管理者不知出于什么原因已经选定了方案，他们不清楚预算限制，也不愿意接受团队关于是否应该继续实施计划的建议。

如果团队有足够的自由去理解潜在的空缺，研究根本原因，做出清晰的问题陈述，然后在合理的约束下制订有效的解决方案，那么组织将得到更好的结果和一个积极进取的团队。反之，组织可能会尝到苦果，即由此类事件导致的信任危机。团队成员以后可能不会再加入新的团队，因为他们知道自己的努力轻易就会化为乌有。

◎ 要治本，而不要治标

建立让团队有权分析根本原因并制订方案的组织规范更不容易。凡是喜欢自上而下的管理风格，并且只奖励最聪明的人的组织，都倾向于对团队进行微观管理。这种事无巨细的管理抹杀了团队获得成功的可能性。要想改变这种状况，团队领导者和成员可以在适当的时机提出异议，利用组织内的盟友来影响决策者，并且从团队可交付的方案中寻找既能实现目标又能解决根本问题的那些方案。

例如，某组织要求它的一个团队制定程序，使内部顾问能够帮助员工制订和修改个人发展规划。该团队提出了一种策略，既能满足组织的要求，又能触及这一问题的根本原因。他们制订的项目要求内部顾问同时与员工及其领导者见面，共同讨论他的发展规划，而不是单独与员工面谈。这么做不仅能满足交付的要求，也提高了管理者制订类似规划的能力，使人们更深刻地认识到，在员工发展方面，负主要责任的是管理者，而非专业人员。

该团队不仅能有效地解决他们发现的根本问题，也能完成领导者分配给他们的任务。通过明确工作的重点，坚持以它为前进的主要动力，多数团队领导者和成员都能够做到一举两得。当然，对于领导者来说，建设高绩效团队的黄金准则是让团队自行寻找根本原因并采取行动。在这种情况下，团队领导者和成员能够看到工作的重要性，进而从中获得满足感。

你要尽可能将团队引入决策过程，因为这将在很大程度上影响他们对工作及其重要性的看法。很多人都是通过自己在工作的内容、原因和方式等方面拥有的自主权，来判断自己在组织或团队中的价值。如果你把现成的结果和计划交给团队，那么他们的自主权和发言权就会被削弱。他们几乎不了解自己从事这项工作的原因，也不清楚该如何着手解决这个问题。

曾经有太多次，我亲眼见证或亲身经历团队收到结果和计划，而这些结果和计划只治标不治本。团队通常没有能力解决根本问题，即使他们明白团队接到的任务只能解决问题的表面症状，也明白他们的工作根本于事无补。在这种情况下，他们否认这项工作的重要性还有什么好奇怪的吗？既然工作不重要，那么这个工作小组又怎么会满怀热情地参与其中呢？当他们表现出工作小组的负面特征，参与度变化不定，少数成员承担了大部分工作，团队成员和领导者会有多失望？当他们交出的结果达不到标准时，他们还会感到惊讶吗？

我曾经遇到过一家在人才管道和人才发展方面存在问题的公司。他们既没能有效地发展人才，也没有一条强大的、往高层领导职位输送人才的通道。在上级的指示下，他们成立了一个团队，负责开发人才发展培训项目，为领导者提供有效发展人才的手段。该团队尽职尽责地开会、工作，希望做出像样的培训项目。但是他们很快就遇到了麻烦，于是聘请我来替他们把握方向。

初次与该团队见面时，我能明显感受到他们的消沉。团队领导者乔丹向我概述了他们遇到的挫折。她是该公司一名极具潜力的初级人力资源管理者，以热情而积极的态度闻名。因此，她的不悦以及她愿意公开表现自己的不悦这件事让我很意外。“你觉得这项工作重要吗？”我问。

“目前看来，不重要。”她回答道，“我们都有很多事要做，而被指定加入这个团队不过是凭空多了项工作。尽管我们都认为成为更好的领导者很重要，但是我们在这里做的事毫无用处。我们一遍又一遍地重复前人的结论，而这结论甚至不实用。”

我停顿了一下，然后问：“为什么开发的新项目毫无用处？”

她耸了耸肩，回答说：“因为在着手工作前，我们查阅了以前的培训项目，期望能获取一些灵感，却发现在过去的10年，每隔几年就会推出一个几乎一模一样的培训项目。很显然没有一个起作用。为什么他们会觉得再来一次不是在浪费我们的时间？”

我叹了口气，心想我已经听过太多这样的故事了。“那么什么才是有用的？”我问。

乔丹耸了耸肩：“如果领导者因为未能发展人才而食得恶果，他们就会行动起来了。照目前的情况来看，缺乏一个真正能推动领导者培养人才的理由。我们在这里所做之事就显得很愚蠢。”

这个团队已经意识到他们是在研究表面症状，而非根源。因此，无论他们做出什么样的培训项目，都不能解决问题。几年之后，当他们的方案也没能推动组织发展，他们和其他一些团队一样，会再回过头制定一个类似的项目。这种团队不是真正的团队，也永远不会成为一个真正的团队。他们意识到自己所做的工作并不重要。组织没有把人才发展作为领导者的首要任务，没有因为领导者培养属下员工而奖励他们，也没有因为领导者忽视人才培养而追究他们的责任。这才是根本原因。人才发展对领导者来说根本不重要。

当有人指出这一事实，提醒说培训项目不会有效时，你猜发生了什么？高层领导者说这超出了团队的职责范围，他们只需要按要求完成项目即可。这话令团队成员感到挫败。这个团队尽心尽力地工作，找出了根本原因，并且准备为之制订解决方案。他们可能会因此而成为一个真正的团队，因他们的团队协作而产生的间接利益也将使整个组织受益。然而现在，他们只是一个士气低迷的工作小组。最终，他们的确交付了培训项目，但是正如他们所料，没有产生什么实际效果。后来再见到乔丹时，我向她问起这个项目。她只是翻了个白眼，摇着头走开了。

此类事件屡见不鲜。这种状况下怎么可能有效果、效率和价值呢？当我们不仅失去了一个能有效地解决根本问题的方案，还错过了团队为组织提供的间接利益时，我们付出了多少机会成本？如果成员因怀疑工作的重要性而不愿充分参与到团队当中，那么这样意志消沉的成员还能发挥作用吗？

这是一个非常典型的例子，来自下层的建议就是这样被领导者和组织忽略了。你可以建立垂直团队，让在组织中做最多工作的人带来他们的经验，帮助寻找根本原因、解决问题以及制订创新方案。一般来说，能够聆听下层的声音并给予足够自主权的组织更有可能设计出可行的解决方案。团队的产出也更有可能被组织采用并获得成功。与之相反，忽视这种动态的领导者只能带领着颓丧的团队，得出的方案不尽如人意，也不会得到组织的广泛采用。

- 给予团队自主设计工作的权利，否则组织将无法从他们的创新能力中受益，团队的士气和参与度也会受到影响。组建团队却不允许他们挖掘根本原因，做出准确的问题陈述，实际上是对团队的无效利用。
- 认识到团队有能力解决问题。你要创造条件，让团队能够自主地去深入理解问题及其根本原因，然后提出解决这些问题的方案。如果工作很重要，那么组建起一个结构良好的团队，给他们足够的自主权，将使你有更高的概率得到可行且有效的解决方案。团队的建议可能会使你感到惊讶，继而考虑是否要接受。这需要领导者有一定的勇气，但是接受他们的建议才是对这项重要工作的尊重。

- 为个人提供自主权。你应该保证每个团队成员都有足够的自由去解决问题，制订方案。换句话说，团队接到任务时，他们应该有权力选择最有效的工作方式。这将营造出一种自主的氛围，使员工和团队能对自己的工作做主。

◎ 为团队树立一个明确的目标

重要的工作固然很好，但是为了让团队获得最有效的运作方式，这项重要的工作必须转化为具体的目标。缺少细致而明确的目标的团队算不上真正的团队，只是一起做事的一群人。这个重要的区别经常被人忽略。我常常见到一群人在缺少清晰的问题陈述或目标的情况下一起工作，自称为一个团队，然后在没有得到团队协作的好处时，表现得很意外。如果你不能清楚地看见自己的目标，也无法衡量为实现目标而取得的进步，那么你的团队便会不可避免地发生病变。沮丧、退缩和破坏性冲突都是由目标不明确而导致的常见症状。

明确的目标需要明确的问题陈述。例如，提高组织领导能力是一项重要的工作。但是它的重要性体现在哪些方面呢？如何定义缺乏领导能力？我们为何会缺乏领导能力？我们如何确定自己解决的是根本问题而不只是表面症状？为了树立一个简洁而明确的目标，从而解决根本问题而非表面症状，进行简洁而明确的问题陈述是关键。有效确定了关于某项重要工作的问题陈述之后，团队就做好了采取行动的准备，因为他们理解自己要解决的问题，能够制定清晰的目标，并且相应地记录他们为实现目标而取得的进步。

为了对问题进行陈述而制订计划时，最关键的一步是确定你瞄准了问题的根本原因。这看似显而易见，但是很可惜，许多团队和领导者都没有迈出这必要的一步。领导者和团队制订的解决方案一般都治标不治本。

我曾经为一家大型工厂工作。当时厂里密封圈泄漏事故频发，每次都要停工几个小时甚至几天来更换密封圈，造成了巨大的经济损失。领导者很快就确定了一份问题陈述，将事故归因于技术人员安装失误。继而专门成立了一个团队来开展技术培训。然而，投入了高昂的培训费用后，泄漏问题依然没有解决。该团队再次收到指令去查明原因。经过一番调查，他们发现工厂使用的密封圈换了生产商，不如原先的质量好。解决方法很简单，就是继续从原先的生产商处采购密封圈。几个月后，密封圈又开始泄漏。于是他们又成立了一个团队来调查原因。

一番调查过后，该团队发现工厂正在使用的又是另外一种密封圈。他们感觉很奇怪，于是开始追查这些密封圈的来历。起先是由工程部门确定密封圈的规格，录入数据库。然后由维修部门下采购订单，购买新的密封圈以补充库存。采购订单以电子形式发送给采购部门，最终由他们来购买符合数据库中规格的密封圈。因此，该团队找到了采购部门，问他们为什么不继续购买使用了多年的那种密封圈，而是换了新的生产商。采购部门回答说，他们只是在所有符合规格的密封圈中选择了最便宜的一种，因为他们的奖金取决于他们为工厂省了多少钱。

根本原因找到了。原来采购部门的目标是买到最便宜的密封圈，而不是最好的。事实证明，问题陈述瞄准的不应该是密封圈的安装，而应该是促使采购部门购买不合格密封圈的动机。

这种事情时常发生。即使一个团队煞费苦心地树立了明确的目标，也往往因为没有深入挖掘而没能理解问题的根本原因。投入了大量的时间和精力，结果却只治标不治本。

以问题陈述为主题完全可以写一整本书，但是简单来说，初步的问题陈述应该概述这样一个事实：我们正在亏损，我们没能达成有效的合作，部门之间的优先事项不一致。问题陈述必然会对比现状和另一种全然不同的状态。“我们没能有效合作”意味着在将来，我们应该进行有效合作。此时问题陈述并不提供解决方案，这需要团队来进行分辨。接着，团队可以开始制订计划来理解组织内缺乏合作的细节和后果，继而开始研究这个问题给组织造成的不良影响的细节。此外，他们还可以着手研究这些细节，以确定问题的根本原因。如上所述，团队可以通过这样一种方式来重新进行问题陈述，使团队集中在一个明确且可以衡量的目标上。

在密封圈泄漏的例子中，最初的问题陈述应该是“密封圈泄漏的速度超出了可接受的范围”。然后团队可以用“五问法”一类的方法来试图理解泄漏发生的根本原因。他们可以连续问至少五次“问什么”，直到找到根本原因。他们原本可以更好地发挥团队作用，理解问题及其根本原因，并提出解决问题的建议。然而事实是，他们拿到了错误的问题陈述和解决方案，并为此浪费了大量的时间和精力。

人才发展专业人士应该帮助领导者停下脚步，应该在深思熟虑之后，成立一个有能力分辨根本原因并得出有效问题陈述的团队。人才发展专业人士有能力让领导者相信，团队努力实现的目标是有说服力的，而且团队有基于根本原因确立目标的自主权。团队成员要始终专注于那个有说服力的重要目标。事实上，我所遇到的最成功的团队都时常强调工作和目标的重要性。

- 抵挡直接为团队提供问题和解决方案的诱惑。给予团队大致的问题陈述，允许他们调查根本原因，继而形成准确的问题陈述。有效的团队协作需要团队具有完成问题陈述和分析根本原因，进而转化为明确且可以衡量的目标的能力。
- 有效的团队协作还需要必要的环境，让团队成员能相互质疑，不同的观点和意见激烈交锋，这样才能找到根本原因，制订有效的解决方案。

在团队开会或更新动态时，应该把重要的工作放在首要和核心的位置，突出展示为实现目标而取得的进步。这么做的方法有很多，我已经看到有许多团队从中获得了乐趣。我曾共事过的一个团队根据达成的里程碑目标创造了一个倒计时时钟。每当团队跨过一个里程碑，时钟指针就向零点移动一格。这类工具看似复古，其实有助于让人们发自内心地感受到，他们正不断地向成功靠近。

◎ 结论

重要的工作和明确的目标是高绩效团队的基础。它鼓励团队采取行动，积极参与。它也使人们做好准备，迎接艰巨的挑战，承受随之而来的磨难。表述工作的重要性以及它对组织、社区和参与者的推动作用，是建立高绩效团队时关键的第一步。

尊重重要的工作要求我们让团队自己掌握方向，有足够的自主权去找出根本原因，并且找到解决问题的方法。满足这些要求后，我们的团队就能蓬勃发展，有效应对挑战，积极发现问题，为解决这些问题创新解决方案。并且我们将进一步收获具有深远意义的信任和团队精神，推动组织和文化大步向前发展。

第六章
迎接冲突与激发好奇心

CHAPTER6

高绩效团队，尤其是那些包容不同个性和思维方式的团队，遇到的一个基本障碍就是团队成员之间会起冲突。在抽象意义上，我们喜欢讨论由思维方式各异的人组成的团队如何取得更好的结果。的确，如果运作得好，他们更有可能实现创新，制订出更有效的解决方案。但是，将性格迥异的人组成团队这一过程本身，就可能危机重重。不难看出，在识别和解决问题的时候，不同的方法相互碰撞，很容易产生冲突。这也解释了为什么我们会说重要的工作是提高绩效的关键。

考虑不同团队成员的个性和随后可能发生的冲突时，我注意到：工作越重要，或者说工作在团队成员心目中越重要，他们就越愿意表达不同的意见，并且努力解决这些冲突。这一点值得反复强调。团队在从事重要工作时，其成员更愿意卷入冲突，继而妥善处理冲突。反之亦然。当团队的工作无关紧要时，他们往往会回避冲突，也就无法有效地质疑彼此。团队发生冲突既是从事不重要工作的结果，也是缺乏冲突管理技巧的结果。很显然，前者对团队效能的损害不亚于后者。

在核工业中，核电站大约每隔两年时间就需要停堆换料。在此期间，核电站停工，废料被取出，新燃料被装入反应堆。反应堆运行期间无法进行的其他维护和升级工作也马不停蹄地展开。根据工作的范围，反应堆需要关闭 3~6 周的时间。在此期间，核电站不发电，因此没有收入。可见，缩短停堆换料的时间是关键。

为了实现这个目标，停堆换料前要做细致入微的计划和大量的准备工作，以便在最短的时间内平安完成所有工作。对核电站来说，停堆换料无异于要同时举办世界大赛（World Series）和超级碗（Super Bowl）。计划、表现和完美的执行至关重要。所有人都已就绪，为了安全且准时地完成停堆换料，他们愿意做任何必要的工作，也时刻准备着。顺利的话，数千名员工各司其职，有条不紊地开展工作，就像在表演一场精心编排的芭蕾舞剧。他们的团队协作力和执行力令人叹为观止。在核工业中，这是一项非常重要的工作，而且每个人都理解它的重要性。

在这一环境中观察团队冲突很有启发意义。由于这项工作举足轻重，因此需要最好的厂房，驻守现场的专家都心甘情愿被卷入冲突，据理力争。又因为任何错误或耽搁都可能导致停堆换料被迫中断，所以团队成员无法保持沉默。成功取决于每个人相互质疑的意愿。这么说一点也不夸张。工作的重要性和失败的严峻后果自然地催生冲突与挑战。正是在最成功的厂房，工作的重要性推动组织乐于接受并鼓励各个层级的质疑。

在重要的工作中，这种观察才有意义。这个过程很像我在视频中看过的一幕：某人因为交通事故被困在翻倒的车里，周围的人迅速自发地聚集起来，把这个不幸的伤员从车里救出来。没有事前计划，没有团队建设，没有讨论价值观，也没有讨论角色分工。这项工作显然需要有人去完成，而且相当重要，时间是关键。周围的人立刻投入工作以移动车辆。

顷刻之间，他们已经是一个团队了。每个人都想尽自己所能去营救伤员。虽然这个例子只是团队协作的一个缩影，但是它生动地表明了人类是如何自发地一同参与到重要的工作当中。当工作足够重要时，人们不只愿意参与，而且渴望参与。重要的工作能激发出这种自然倾向，而优秀的领导者能利用它来解决问题，创新解决方案。

这营造出一种氛围，在这种氛围中，团队成员自然而然地希望分享自己的观点，进行质疑。但是因为风险较大，它也可能导致领导者反对质疑和观点分享。因为领导者要对失败负责，所以他们很可能形成事必躬亲或独裁的领导风格。为了避免过错、误解和失败，他们会尽可能地回避异议、质疑和观点分享。但是，正如我们先前所讨论的那样，质疑和积极的思想碰撞是我们能得到更好结果的基础。领导者努力控制局面以避免失败的行为，反而会提高失败的可能性。

那么，微观管理和威权型管理会对团队动态产生什么样的影响呢？领导者为实现精准控制而付出的努力不仅会遏制质疑，妨碍最佳方法的制定，还会削弱团队的自主权和主人翁意识，使团队士气低迷。它还可能导致人心涣散，成员之间产生破坏性冲突。当团队缺乏自主权和主人翁意识，没有做决策的能力，也因此不能从事重要的工作时，它将不可避免地陷入破坏性冲突。低效能团队的弊端开始出现，心怀嫉妒、隐瞒信息、搞小团队、散布流言蜚语和玩弄政治手段等现象纷纷出现。一个自相矛盾的事实是，最能有效制止这种破坏性冲突的方法之一，就是要求成员相互质疑，提出异议。如果允许并鼓励团队参与建设性冲突，那么他们被卷入破坏性冲突的可能性就会低许多。

团队领导者必须理解这种动态。在工作中，我经常见到领导者对自己的团队卷入这种破坏性冲突而感到困惑。有时他们能理解，是自己的领导行为致使团队出现这种状况，有时他们并不能理解。领导者需要对自身以及自己的领导风格有一定程度的自信，才敢主动引起冲突和质疑，愿意公开承认自己并非无所不知——接受其他人有更好的想法或解决方案这一事实。毕竟这才是团队存在的初衷，即获得不同的观点。但是，有太多领导者没有足够的信心放松控制，也不敢表现自己并非无所不知——让团队做主。

核电站常规的线上作业是很重要的，但是不如停堆换料期间的工作那么重要。因此，发生的冲突往往缺乏建设性。团队在线上作业过程中暴露出的弊病也比停堆换料期间普遍得多。尽管领导方式不佳，但是停堆换料的重要性足以使团队做出有效的行为。工作足够重要时，人们会对彼此提出建设性质疑，因为结果对他们来说很重要。如果工作对人们来说不重要，他们也不关心结果，往往就会得过且过。这时，解决方案更难找到，成员心不在焉，结果自然也不如预期。

我将以核工业这个公认比较典型的例子，再次说明工作的重要性对高效能团队的关键影响。当领导者为团队分配了重要的工作，并给予他们决策权和自主权时，团队冲突就更有可能富有成效和建设性。本来有可能彼此排斥的不同性格的人，这时也往往会看到彼此为完成重要工作、产生重要结果而作出的贡献。不可否认，人们更在乎重要的工作。由于心系结果，他们付出自发努力、迎接质疑和冲突以及接受分歧的意愿都大大提高了。

- 重要的工作能激发人们的参与热情。从很多方面来说，参与度可以通过团队合作中出现的冲突和质疑的程度来衡量。建设性冲突往往能抑止破坏性冲突。
- 考虑到破坏性冲突可能对团队造成的危害，要积极鼓励建设性冲突，并为此培养团队的协作能力。

- 要认识到，你的领导风格是决定团队出现建设性冲突还是破坏性冲突的一大因素。克制你想要掌控工作的欲望。请其他人监督你的做法，确保你正在利用团队的创新能力，而且正积极引起建设性冲突。

◎ 好奇心是引起建设性冲突的关键

重要的工作孕育着建设性冲突。如果人们愿意绞尽脑汁地想办法，通常说明他们在乎自己的工作。这是件好事。但是，团队成员必须擅长有效应对冲突和质疑。因为重要的工作也极有可能孕育出激烈的争吵、情感上的伤害和被动攻击（或公然攻击）行为。好奇心是避免和解决破坏性冲突的关键。它是领导者必须确立，也是团队成员必须遵守的一种团队规范。好奇心是一种润滑剂，在它的帮助下，优秀团队得以积极地质疑彼此，携手找到最好的解决方案。

在与高绩效团队合作的过程中，我发现当人们执着于某个特定的立场或事件时，就会产生冲突。例如，有人认为领导力发展项目应该由领导者来推动，这样他们就能有效地决定计划传递给参与者的信息，与此同时，还有人认为该项目应该由经验丰富的培训人员来推动，以确保内容的有效传递。这两种立场相矛盾，而且都有合理的理由来解释为什么自己的方案是最好的。但是他们各自的观点是如何产生的呢？他们分别想得到什么样的结果？后一种观点希望参与者能有效地内化项目内容。前一种则希望内容得到领导者的承认，以便参与者能够看到，组织也能够发现，人才发展其实是领导者的职责之一。观点对立的两个团队可以继续坚持各自的立场，直到有领导者打破僵局，做出最终决定。或者他们也可以一起探索他们想要得到的结果。

在这种情况下，好奇心是关键。如果两个团队的成员都发自内心地对对方的动机、思维过程和需求感到好奇，他们就会开启对话，而这种对话将帮助他们更好地理解这些需求，继而有可能制订出满足这些需求的解决方案。即使他们无法得出同时满足双方需求的方案，至少也对对方的心路历程有了更好的理解。怀着真诚的好奇心，他们也许能学到先前不了解的东西。他们甚至可能会改变想法。从这个角度来看，好奇心既是一种心理活动，也是一种技能。我们可以在处理分歧和冲突的时候，通过遵守某些规则和行为规范来更好地表露好奇心。

◎“请继续讲”

在一个鼓励好奇心的文化中，最重要的一句话是“请继续讲”。遇到任何分歧时，都应该以这句话作为回应。“请继续讲”意味着你感兴趣，而且你重视对方的观点和经验。毕竟，如果你认为对方的观点没有价值，那么你肯定不会这么说。“请继续讲”意味着你足够在乎对方，你想听他们说到最后，理解他们的动机和忧虑。“请继续讲”意味着当你得到新信息或遇到新观点时，愿意学习并更新自己的看法。“请继续讲”在培育共同使命和团队精神方面发挥着重要的作用，这是我们在有效的团队协作中经常看到的。共同的使命感和团队精神有助于提高团队成员的参与度和责任感，促使他们自发开展工作。

如果前面提到的两个团队以“请继续讲”开始对话，他们就有可能理解对方的动机和深层思维过程。他们也将有可能看到，对方所持观点有助于推动团队实现目标，而且他们有可能制订出一种方案，该方案不仅能有效地教授内容，也能表明领导者在人才发展中的决定性作用。一旦他们进行了这样的讨论，两个团队就有可能达成一致的意见，由领导者和人才发展专业人士共同设计项目并推动内容实施。这将产生双方都感兴趣的结果。好奇心和“请继续讲”促使他们得出一个结果，可用来解决双方担忧的问题。

多年来，在与团队合作的过程中，我亲眼见证他们利用好奇心和“请继续讲”阻止了数不胜数的破坏性冲突。采用这种方法后，原先经常以无效的方式发生冲突的团队开始发起建设性冲突和质疑。破坏性冲突发生的频率降低了，而建设性质疑出现的频率上升了。解决方案的质量提高了，实施方案的时间也缩短了。团队获得了更强的使命感和团队精神，他们也更肯定队友的所作所为是为了团队的利益。

以下是一些可以帮助你构建好奇心文化的问题和陈述。如果愿意的话，你可以以此为脚本。最初说这些话可能会让你感到尴尬，但是坚持一段时间后，不这么说反而会让你感到不自然。你可以说：

- 请继续讲。
- 你想得到什么样的结果？

- 你对这个方案的疑虑是什么?
- 我是这么想的，这是我的思考过程。
- 你对此有什么看法?
- 我的想法有何不足之处?

◎ 以采访的形式交流

仿照采访的形式展开交流是将好奇心和“请继续讲”正式引入文化的一种方式。这只需要你运用在脱口秀节目或播客里看到或听到的采访技巧——想想拉里·金（Larry King）[①]。把自己置于采访者的位置，你的目的是找出关于某个人或主题的全部信息。关键在于，采访者在乎的不是输赢。他们的工作是收集信息。而这正是好奇心文化在现实中的体现。以采访的形式交流需要团队成员多提问，而不是陈述自己的观点。它迫使人们推迟下判断的时间，转而去寻求更多的信息和解释。

这个游戏的规则比较简单——在交流的全过程中保持

① 美国著名主持人，第一个在世界范围内享有盛誉的脱口秀节目主持人。——编者注

好奇心。采访者的任务是收集有效信息，例如事实、观点甚至感觉。同脱口秀主持人一样，他们在收集信息时应保持中立，不随意评判，也不试图争辩。采访者内心的自我对话必须围绕这样一种想法，即“我愿意接受自己并没有掌握所有相关信息的可能性，而且我的判断和观点可能有误”。

这种内心独白，或者也可以说是某种咒语，使我们能够更好地倾听并整合不同的想法和信息。它把我们在倾听时关注的重点从自己身上转移到了他人身上，我们倾听的目的不再是回答，而是理解。这种采访能够确保团队成员产生被倾听的感觉。要记住，大多数团队成员并不要求自己的所有观点和建议都被采纳，他们只希望自己被倾听，自己的想法和意见被考虑。正是这种倾听让人们觉得自己受到了重视。如果某个人愿意花时间听取别人的意见，并且征求他们的看法，那么他必然要投入大量的时间和精力。投入时间和精力获取一个人的信息，实际上就是对这个人的投资。这种行为将产生很大的影响。

这类采访有两个目的。它既是好奇心文化的一个侧面，能以更正式的方式开启“请继续讲”对话，也可以帮助我们收集信息、观点和意见，以便做出更好的决策。我们还可以通过这种方式表达对团队成员的重视。当人们认为自己对团队的成功有贡献时，他们的参与度就会提高，也会付出更多的自发努力。当然，我们应该有足够的时间去陈述观点。而且正如我们所见，我们也应该有质疑的时间。但是，在陈述观点和质疑之前，收集信息是重中之重。

- 构建好奇心文化，使人们养成用“请继续讲”来回应冲突的习惯。
- 寻求能满足所有需求的结果——不要执着于某个特定的行为。
- 以采访的形式进行交流，以便正式地表露好奇心。

◎ 结论

人才发展专业人士可以将这种做法融入自己的团队和向他们咨询的团队，进而改变团队成员的工作方式。一开始引入好奇心文化并且使用“请继续讲”对话技巧时，可能会给团队成员带来困惑。他们的内心也许是渴望的，但是执行起来效率较低。以采访的形式交流在某种程度上巩固了好奇心文化，鼓励人们逐渐将这种观念融入日常互动。而且正如我们先前所讨论的那样，一旦团队建立的机制开始发挥作用，这些工具和做法通常会进一步渗入组织的其他部分，因为团队成员在流动过程中带去了有用的想法。

领导者和团队成员要重视好奇心文化和“请继续说”冲突管理技巧，并且把它们作为对话、问题解决和冲突管理的主要机制加以强化。重要的工作不可避免会产生冲突。当人们深切关心自己的工作时，他们就更有可能产生思想交锋，对自己认为最能有效完成这项重要工作的方案而据理力争。好奇心和“请继续讲”对话不仅能帮助我们制订有效的解决方案，还有助于减轻热情地投入重要的工作时可能发生的破坏性冲突。好奇心为团队协作另一要素——质疑——的发展提供了一片沃土，它让很多团队避之不及，但也是成功的关键。

第七章
勇于质疑
CHAPTER 7

再怎么强调质疑的价值，都不算夸大其词。多数人并不擅长质疑。但是考虑到它在团队运作中的重要性，以及建设性质疑对组织的好处，我认为我们有必要对这一术语下个定义。提到质疑，我指的其实是人们拥有的一种能力，即能够主动提出异议，并创造必要的条件，使我所谓的“平静的异议”得以发生。不能容忍分歧，也不允许公开讨论和表达不同观点、意见和方法的组织，总有一天会走到穷途末路。正因为这种组织动态如此重要，人们往往又十分不擅长，组织没有更多地关注这一技能的培养这一事实才格外令人感兴趣。

我想说的是：多年来，与数百个团队和组织合作的经验表明，如果有一种核心的团队协作技能预示着成功，那就是建设性地质疑彼此的能力。当然，要使建设性质疑成为一种文化规范，需要许多先决条件，比如从事重要的工作和构建好奇心文化，但除此之外，有效的质疑是团队能够培养的最重要的一种属性。

◎ 质疑文化

让质疑成为团队和组织的一种文化属性是一种关键的最佳实践。在我的职业生涯中，我曾在多个行业工作过，它们大多有着截然不同的文化构成。据我观察，某些组织遭遇失败或失误的后果极其严重，因此他们很重视规避风险，一般会热衷于质疑。他们善于提出异议和权衡不同的观点。面临巨大风险时，团队和组织承担不起犯错的后果。我在核工业工作过很长一段时间，他们就很擅长质疑。事实上，作为一个行业，他们已经把质疑的艺术修炼到了极致。这理所应当，因为他们工作的重中之重——完美的执行——促使他们质疑。如果一个领导者在没有经历质疑、也没有听取他人意见的情况下做出了决定，然后被证明是错的，那么他就有大麻烦了。对这种错误的惩罚极为严厉。也正因如此，质疑融入了组织的运作当中。

大多数组织并不像核工业或航空业一样，有强大的动力推动他们进行质疑，因为他们的失误不会引起灾难性后果。不过我倒是希望他们有类似的体验，这将大大改善他们团队的成果。质疑就像一口坩埚，决策在其中经受熔炼。缺乏有效的质疑，我们就无法参考他人的意见，那么我们在权衡利弊、思考可能出现的问题、预测障碍及解读最佳方法时，实际上就是在依赖个人智慧或群体思维。而对这一技能加以培养的组织和团队则会围绕决策展开争论，每个人都愿意接受自己有可能失误或缺乏必要信息的事实。他们集体对一种融合了所有可用信息和观点的方法进行三角互证。质疑是一种强大的决策工具。事实上，它独占鳌头。

坦白来说，质疑确实比个人单独做决定需要更长的时间。这也是我见到的障碍之一。人们和组织需要决策，而且他们通常希望能尽快拿到决策。让团队经历质疑很费时。此外，根据情况的危急程度，有时必须迅速做出决定。不过这属于特殊情况。在对时间要求不高的决策中，有目的地进行质疑是最有效的行动路线。

◎ 质疑有助于提高参与度

质疑的一个次要好处是营造一种包容差异且重视个人价值的环境，这一点也很重要。当人们不仅有机会表达自己的观点，还有机会为其辩护时，他们就会获得一种价值感。换句话说，如果有人征求我的意见并加以考虑，说明我的意见值得倾听和考虑。每个人都希望被倾听，也都希望自己的观点被纳入考虑范围；他们希望自己在别人眼中是一个拥有值得倾听的专业知识和观点的人。大多数人并不要求自己的建议必须得到执行，他们只希望被听到，并且给予公平的考虑。团队在经历有效的建设性质疑时，能够为团队成员创造一种价值感。质疑这一行为本身，以及自己的质疑被人听到并考虑，能够提高他们在团队中的价值感。试想，如果质疑或者不同意见一经发声就被立刻否决，那么团队成员的价值感会被削弱到何种程度？

作为团队领导者，你的职责之一就是鼓励人们质疑，找出与你有分歧的人。这项任务有时会很困难。它需要你在专业上有自信，但同时也能认识到你也许并不能回答所有问题或掌握全部相关信息。有的人执着于拥有所有问题的答案或成为团队里最聪明的人。请摒弃这种执念。你可能从来都不是团队里在所有方面都最聪明的人。即使你是，你也不可能随时掌握关于手头这一主题的全部信息。作为领导者或团队成员，你的任务是抛开自负，征求不同意见，即使这会削弱你自己的观点或意见。这显然需要一定程度的谦逊，而这种谦逊很难积累起来。但是要想做出最好的决策，你必须这么做。

你所在组织的文化也可能强化你想要成为团队里最聪明的人的欲望。有的文化鼓励人们表现得自信，甚至傲慢，不赞同人们表现得谦逊。这种文化往往会造成不良影响，而且原因有很多，不仅在于它削弱了人们表达不同意见的能力。它还会使团队士气和团队成员的价值感受挫。即使你是身边所有人中最聪明的，那也不意味着你要一直赢。

认为自己是身边所有人中最聪明的还意味着你已经掌握了全部相关信息，而且你永远不会犯错。然而，相信自己对错误免疫这一事实足以证明你并不明智。智慧比智力更能体现一个人作为领导者和团队成员的潜力。对领导者和团队成员而言，认识到收集不同的观点对决策的价值是一种首要的能力。如果你能让更多人加入决策过程中，那么团队参与度就会大幅提高。即使你是团队里最聪明的人，有能力解决所有的问题，你也可以考虑把自己的聪明才智用于别处，想办法让其他人也想出已经在你脑海里的那个好主意。优秀的团队领导者和成员希望自己的团队获得成功、得到发展并且被人重视。他们信奉这样一种理念，即他们的任务之一是不仅要努力克服组织面临的困难，还要让团队成员得到提升。

◎ 质疑可作为团队参与度的试金石

质疑文化也可作为检验团队参与度的试金石。观察团队时，我关注的是团队成员参与的次数和频率，尤其是对于质疑。据我观察，不常经历质疑的团队，参与度往往比较低。造成这种情况的原因有几个，通常是因为畏惧或不感兴趣。

畏惧是阻碍团队形成有效质疑文化的主要原因。这通常与我们在上一节中讨论的内容有关。团队成员害怕质疑或产生分歧，是因为他们想避免得到负面的结果。例如，领导者或团队成员会明里暗里地取笑另一位成员的观点，或贬低他所作的贡献。有时候，领导者或团队成员甚至会因为成员提出不同的意见或观点而惩罚他们。用“次优”来形容这种团队环境都算是相当保守的说法了。

导致团队缺少质疑和分歧的另一个原因是团队成员不感兴趣。如果团队成员完全不在乎团队、工作或结果，他们就会退出讨论。对他们来说，做出什么样的决策都无所谓，因为工作根本是无关紧要的。话题再一次回到了重要工作的关键作用上。如果人们认为某项工作不重要，那么他们就会把它放在自己的重要性矩阵中较低的位置，仅仅投入少量的时间和精力。需要明确的是，工作本身可能是重要的，只是出于某种原因，对个人而言并非如此。

团队领导者和成员要注意是否出现了缺少质疑的情况，并调查是由畏惧还是不感兴趣引起的。这两种动态都不利于团队的运作，并且会大大削弱质疑文化的力量。

如果确定缺少质疑的原因是畏惧，那么你就有必要努力消除这种恐惧。爱德华兹·戴明（Edwards Deming）的话又一次在我们耳畔响起："消除组织中的恐惧。"有效建立起质疑文化后，团队本身会降低团队成员的言行引起恐惧的可能。反对贬低团队成员的贡献、意见、观点或分歧的行为可以，也应该，成为一种规范。有观点遭到取笑或贬低时，团队成员应该仗义执言。当然，这并不是说我们不能对任何意见都提出异议，我们应该在恰当的时候提出异议。但是取笑或羞辱不会对质疑文化的有效运作产生任何促进作用。

如果缺少质疑的原因是不感兴趣和淡漠，那么团队领导者和成员要认真讨论工作的重要性，确定它是否真的重要。如果答案为否，要诚实地面对。如果工作确实很重要，那么团队领导者和成员可以尝试说服叛逆的成员，证明工作的重要性。如果有的人在任何团队中都不能有效地履行职责，那么你面对的就是另一个问题了，最好利用绩效管理手段来解决。

◎ 对质疑的质疑

我们天生就爱维持和谐的人际关系。人们一般不希望和别人争吵，伤害别人的感情，或让彼此的关系变得尴尬。不同于我们在新闻上看到的那样，大多数人其实不想伤害他人——无论是在身体上还是精神上。人们会结成团体，这是人的天性。人性本善，除非利益攸关，人们会避免对他人造成伤害。当然，世上难免有卑劣之人，但他们属于少数例外。

天生向往和谐实际上会阻碍我们建立有效的质疑文化。

事实上，根据我的经验，我甚至可以肯定地说，总是认同彼此观点的团队几乎没有可能成为优秀的团队。在既不恐惧，也不淡漠的情况下，许多人面对分歧时的缄默往往会导致他们得过且过。因此，认识到这种情况，并且保证团队并不总是持有一致的看法，非常重要。有的人可能会提出反驳，认为分歧是团队运作出现问题的表现。这种观点可以理解，但并不正确。如果你参与了一项重要的工作，人们在这项工作中投入巨大，并且相信团队的成果是成功的关键，他们对结果满怀期待，那么他们肯定不会同意这种观点。如果没有人提出异议，那么你应该考虑的是这项工作是否真的重要。

◎ 构建质疑文化

考虑到构建质疑文化可能遇到的阻碍，领导者和团队必须有意为之。正如我们所见，有一些元素是必不可少的：重要的工作和消除恐惧。一旦你确定自己正在从事重要的工作，那么主要的障碍就是恐惧和我们面对质疑时天生的沉默。在与团队合作时，我发现他们通常能意识到这一点，并且郑重宣布他们将提出并直面质疑。结果，当然了，这话只能算作空头支票。诚然，他们一开始的意图是好的，但是随着时间的流逝，这些意图在日复一日的工作中逐渐消失了，于是故态复萌。文化免疫系统开始发挥作用，试图把人们推回到既定的行为模式。

任何与团队合作过，或有团队协作经验的人对此都不陌生。人们会自然而然地退回舒适圈中，因此有必要制定程序来克服这种惯性。具体的方法就是要求人们进行质疑。领导者可以设置一个质疑窗口，保证人们有机会，甚至被要求提出异议。一种有效的措施是指定一个挑战者，他的任务就是挑剔团队做出的任何决策。长此以往，质疑将成为常态，一旦缺少质疑，团队立刻会有所察觉。制定此类程序看似有些愚蠢，而且一开始的确会让人产生这种感觉。但是，同所有习惯一样，重要的是一遍又一遍地重复，直到它变得自然。质疑文化带来的好处不容许我们忽视对它的构建。

人才发展专业人士在这方面扮演着重要的角色，他们不仅可以帮助领导者认识到质疑文化的力量，还可以帮助他们理解构建质疑文化所必需的动力。正如前面的例子所示，从不相互质疑的人力资源团队不会得到很好的结果。他们没有找出根本原因，也不会有意识地说："让我们弄清楚这为什么可能是个愚蠢的想法。”缺少质疑削弱了他们成为一个有效且有价值的团队的能力。

领导者要有目的地鼓励并且要求人们质疑。人才发展专业人士可以培养领导者的这种能力，帮助他们判断组织何时拥有了旧的习惯。你可以帮助领导者看清楚团队从什么时候开始为了阻止分歧而回避质疑。你还可以帮助团队和领导者开发既能鼓励又能要求人们质疑的程序。尽管重要工作本身会促使人们质疑，但是你可以进一步保证它是有益的，而且团队持续参与其中。

◎ 不应用否定的眼光看待质疑

最后，针对质疑的概念，我要补充非常重要的一点：不应用否定的眼光看待质疑。质疑出现时，你的默认反应不应该是否定提出质疑的人，指责他不善于团队协作。这种反应在大多数组织中都很常见，而它是有害的。它直接导致了上文所谈到的那种恐惧的出现。人们心生畏惧，并不只是因为某个或某些蛮不讲理的人。

值得庆幸的是，人们对这种行为的容忍度越来越低。不过，一些看似不那么没礼貌的行为也容易造成恐惧。因此，团队成员，尤其是领导者，必须有意识地在言语上强调团队欢迎并且鼓励人们质疑。如果质疑没有受到奖励，反而被惩罚，人们就会停止质疑。领导者也就没有机会得到多元化团队产生的效益和质疑带来的多种观点。俗话说得好："不善倾听的领导者最终会发现身边只剩下缄口不言的人。"因为人们很快就意识到，没有必要因为提问和质疑而受苦受难。

对于严格按照日程表或者提前设计好的计划或结果来执行的领导者来说，这是件棘手的事。而且出于种种原因，许多领导者不会公开自己的计划或结果。或者，即使他们选择公开，也会以避免引起分歧的方式来做这件事。有时，这是因为领导者的动机并不是一切为了组织和团队好。正如我们所见，领导者通常要保证自己是团队里最聪明的人，而且无所不知。有时为了升职，他们要保证自己在别人眼中是能想出好主意并将其付诸实践的人。这些受自我意识驱使的行为不利于团队的团结和进步。它剥夺了团队参与决策的权利，削弱了团队的自主权，还容易激起团队成员的不满，导致士气低落。领导者在禁止团队自行决定工作内容和工作方式时，必须仔细考虑原因为何。

平心而论，制订计划并规定结果有时是必要的。有时，上级组织会为团队制订计划，团队只需照做即可。很多时候，组织的文化都建立在这样一种规范之上：团队收到现成的计划，必须按计划执行。这种规范降低了质疑文化的有效性和采用度，因为人们发现自己没有发言权，也无法影响自己和团队的工作轨迹，那么何苦要提出异议或质疑呢？实际上，团队协作的很多能为组织带来广泛而积极影响的间接效益，也会因此消失。因此，团队和团队成员必须警惕这种情况的出现。

如何避免这种情况呢？简单来说，就是要构建一种质疑文化，有意识地让领导者在做决策时抛开自我意识，并且赋能团队解决问题和创新解决方案。这是人才发展专业人士和领导者的职责。制定要求人们提出并直面质疑的程序，是将质疑融入组织和团队的一种有效方式。制定这样的程序不仅能帮助人们克服面对质疑时天生的沉默，也有助于消除“质疑不受欢迎”这种想法。一旦确立了这种程序，它就会渐渐成为我们的行事方式。这时，缺少质疑反而会让人不适应。如果确立这样一种正式的程序会让人觉得勉强，甚至难堪，那么这恰恰证明了这种程序的必要性。

- 产生“质疑是宝贵且必要的”这种意愿和文化迫切性是一种重要的团队协作技能。然后学着有效地质疑彼此，以推动团队朝着目标前进。
- 观察团队质疑和接受质疑的意愿。制定专门的程序鼓励质疑，使人人都有机会为团队做贡献。把履行这种程序作为团队的责任。确保好奇心是推动质疑和建设性冲突的主要心智模式。奖励团队成员的质疑行为。
- 把质疑的缺失视为检验团队参与度和成员恐惧感的标志。必要时重新表述工作的重要性，并且观察是否有人做出了迫使人们保持沉默的行为。

◎ 结论

有效的质疑是团队取得成功的关键。如果团队成员能够有效地质疑自己所从事的重要工作，那么这便从一个侧面表明了团队有获得成功的潜力。如我们所见，正是因为经历了不同观点的激烈交锋，团队才能为他们所面临的问题找到最有效的解决方案。也正是因为经过了好奇心和质疑的迭代过程，团队才走完或顺利或曲折的路，取得成功。有些问题比较容易判断和解决，另一些则难得多。事实上，也许工作越重要，就越难有效解决。当然，这也是我们成立团队的一个主要原因——解决最难的问题。我们在解决重要问题的同时，激发好奇心，勇于质疑，最终才能为组织带来最大的利益：在团队解散后仍能长久存续的信任和团队精神。

第八章 构建信任

CHAPTER 8

信任是团队效能产生的最重要的间接结果之一。它就像高绩效团队寻求的“圣杯”。但是信任强求不来，它是人们为完成真正重要的工作而共同奋斗的结果。信任是一种结果。

在相互信任的团队里，团队成员相信自己背后总有人支持，自己是受到重视的，他们可以坦诚地面对其他成员，也可以抛开自我，这样的团队更有可能成为高效的团队。这一点显而易见。如果团队成员相互不信任，担心自己不被支持，不受重视，时刻提防着其他成员抓住自己的把柄，或者趁机攻击自己，那么他们更有可能变得低效。我们都曾有过这种团队经历，它令人痛苦不已。

经常有人问我如何在团队中构建信任。我的回答往往不讨领导者、人才发展专业人士和团队成员的喜欢。信任并不能通过团建活动构建起来。信任是人们在为了完成某件重要的事而共同奋斗的过程中断断续续积累起来的。这就是诀窍，虽然并没有多么神奇。

在这种情况下，所有人的自我都被剥离，我们与同伴赤诚相见。但是对多数人来说，这是一条可怕的建议。我们大多数人内心深处都会有这样一种感觉：如果我们不掩饰真实的自己，如果我们摘下平日戴着的面具，真实的自己就会被别人看到。他们会发现，原来我们并不是无所不知，我们也有可能犯错，有时甚至会茫然不知所措。这让我们忍不住担心自己会遭到拒绝。但是，这正是我们需要做的，也是当我们为完成真正重要的工作而共同奋斗时必然会发生的。

◎ 信任不能只停留在口头上

对于领导者和人才发展专业人士来说，理解这种动态促使他们得出这一结论：我们必须创造条件，让团队成员能够真正地信任彼此，互不设防。团建之类的活动做不到这一点。只有时间、工作和奋斗本身能迫使我们放下自我，作为一名真正的队友，坦诚地面对整个团队。

要想实现团队协作，团队必须一同完成重要的工作。这是我多年来非常喜欢并且常说的一句话，也是建立团队和团队信任的根本秘诀。它属于那种让人一眼就能判断为真的话，不必再加以论证。但是在混乱的团队效能特征、评估和模型中跋涉过后，你才能最终理解它的意义：正是在努力完成重要的工作的过程中，信任建立起来，团队变得高效。

经常有组织要求我开展团队建设和培训，以构建信任和凝聚力。这类活动的过程通常是这样的：首先可能会通过 DISC 或 MBTI 等性格测试对团队成员进行评估，促使他们思考彼此之间的差异，以及如何更好地与彼此合作。接着通常会带领成员离开工作场所，参加活动或退修会[①]。其间团队成员会围绕团队协作、团队的愿景和优秀团队的特征进行讨论。可能还会通过角色扮演或其他活动来练习合作或构建信任。目标当然是提高团队效能，或者至少为高绩效团队的产生创造条件。

从结果来看，团建活动似乎是合理的。毕竟，这么做能

① 基督徒远离正常生活一段时间，重新与上帝建立联系。——编者注

产生什么坏处呢？但是我不确定是否有任何定量研究能证明它有助于提高团队效能。如果我们没有组织团建活动，结果会有很大的不同吗？我反而看到一些轶事证据，表明团建活动会降低团队效能。它其实对构建信任无益——信任是在共同完成重要工作的过程中建立起来的。

我认为我们花了太多的时间考虑团队，却没有用足够的时间作为一个团队来工作。我们可以一天到晚谈论团队，但是到头来，真正给予团队活力的是工作，而让团队变得优秀的是工作执行上的成功。没有最终的成功，我们很难说一个团队是优秀的，或者成功地进行了团队协作。因此，团队成功的决定性因素是成功的运作。而且根据定义，成功的团队基本上都是幸福的团队。

所以我提倡，与其在团建活动上浪费大量时间和金钱，不如把团队需要完成的重要工作当作团建活动。让这项工作和推进工作所需的奋斗过程成为构建信任的舞台，迫使人们在这一过程中卸下伪装，做回真实的自己。

要达到这一目标，你首先要有耐心。或许你有合理的理由，需要在短期内提高团队的信任水平。一般来说，如果团队没有在几周之内表现出高绩效团队的特征，领导者就会表示失望。但是这些特征的形成不可能一蹴而就。团队建设和职前培训活动如果要为信任和团队效能的发展开个好头，就应该专注于设计和调整团队机制，而不是直接以构建信任为目的。对团队有益的问题包括：

- 团队以什么为愿景？
- 为什么说这项工作很重要？
- 我们信奉哪些价值观和规范，比如好奇心和质疑？
- 工作如何分配？

这是团队可以实际开展的工作，并以此作为调整自身发展轨迹的开端。除此之外，他们应该迅速投入实际工作中，运用团队领导力的概念，比如有效的工作分配、好奇心和有效的质疑。要始终记得，信任是朝着目标共同奋斗的结果，而非先决条件。

◎ 成为值得信任的人

要培养信任，首先要成为值得信任的人。每当有领导者问我如何建立信任时，这就是我的标准答案。但是，这个答案通常会换来白眼。领导者和团队成员都知道，高绩效团队有着高水平的信任。对于渴望拥有一片空间，使他们能够做回自己、如实提出自己的意见并因此受到重视的团队，缺乏信任会使他们感到挫败。

然而，尽管“想得到信任，首先要做个值得信任的人”这句话的道理显而易见，但是人们往往没那么值得信任，其行为与这句话中蕴含的真理不符。

人们很难成为值得信任的人，也许是因为他们没有明确让人信赖需要的品质，也没有明确说真话的意义，以及不说真话或破坏信任的后果。在我看来，背信弃义的行为很容易识别。但是大多数人并不会不以为耻地做出这种举动，故意破坏信任。大多数人的做法会更微妙，但却对组织造成了更大的损害。

信任以及欺骗或谎言对团队信任的破坏影响着人类的生存。谎言不会带来任何好处。从一个非常现实的角度来说，谎言其实是构成这个世界上所有痛苦的砖瓦。每一句说出口的谎言，无论你是否能察觉到它，无论你的意图是好是坏，它都在某种程度上伤害了你、这个世界、你的组织和你的团队。

撒谎显然是很容易的，而且往往很方便。如果撒谎能让我们得到想要的东西或者保护我们所拥有的东西，那么撒谎似乎是有利的。况且，我们时常有充足的理由去撒谎。有时是因为我们认为向团队成员隐瞒真相有利于鼓舞士气。有时是因为我们不想伤害他人的感情。毕竟我们都是好人。我们可以轻易想出一百万个理由来解释我们为什么撒谎。

然而，谎言对组织的破坏甚于其他任何事物。如果你想让人心涣散，对他们说谎。如果你想让团队成员相互讥讽和怀疑，对他们说谎。如果你不希望人们尽最大努力推动组织蓬勃发展，对他们说谎。如果你想让人们主动离开，也只需对他们说谎。而且不要误会，你没有必要撒大谎。小小的谎言足矣——它们将造成很大的破坏。它们会损害你作为团队领导者或成员的信誉，激起来自四面八方的怀疑，助长仇恨和分裂，导致人们不再为你想要完成的事业做任何贡献。如何在团队中构建信任？最简短的回答就是永远不要说谎。

厚颜无耻地撒谎是最明显的隐瞒事实的方式。但事实上，任何破坏信任的言行都有损于信任的建立和维护。违信背约、在别人背后说三道四、隐瞒信息、利用他人谋求个人发展、把别人的功劳占为己有、玩弄政治手段和厚此薄彼，都是不诚实的表现。任何符合这一对说谎的广泛定义的行为，都会在团队成员之间散播不信任和怀疑，降低团队效能。它们不仅阻碍人们进行有效的质疑，最重要的是，还会抑止团队精神和归属感的产生，导致低忠诚度，继而无法提高团队效能。

构建信任的第一步是诚实，即使它有损于你自以为的个人利益。无论是把不重要的工作分配下去，让人们误以为它很重要，从而在一开始获得比较高的参与度，还是对人们的表现给予虚假的反馈，以避免伤害他们的感情，可能都会让你觉得是个好主意。但是它们其实都是不折不扣的坏主意。要想成为一个诚实的人，关键是要足够勇敢和正直。你可以培养并且利用你的好奇心和质疑技巧，以建设性的方式表述你的诚实。但是要诚实地表明你的意图、目的和目标。

你可以通过奖励诚实的行为和打击不诚实的行为来营造一种环境，允许人们在其中做一个诚实的人。你应该注意不诚实的行为，并且在发现时及时进行干预和指导。

质疑文化的发展也有助于消除这类行为。在质疑文化发展良好的情况下，团队成员有权质疑彼此的行为并提出问题。出现这种情况时，你应该迅速奖励相互问责的团队，质疑有损于团队绩效的行为。这是一项艰巨的任务，你需要提供奖励作为动力。事实上，相互质疑是信任形成的途径之一。如此看来，不提供批评性反馈或者无视不好的行为其实都是不诚实的表现。

信任是团队为完成重要工作而共同奋斗的结果。当人们被置于必须依赖彼此才能生存的情境中时，他们会彼此信任，不设防备。而不设防是人们无法隐藏真实自我的结果。在经受质疑和痛苦的过程中，人们暴露了真实的自己，以及他们作为一个有缺点的人所能做出的贡献。最终，他们会因为这些缺点而受到团队的重视。世上没有通往信任的捷径。它是奋斗的结果，而非先决条件。

- 成为值得信任的人是一种勇敢的行为。它需要你为了组织和团队的利益，升华自己的期望，希望所有人都能从中受益。同其他技能一样，它也需要练习。你必须相信，随着时间的流逝，做一个值得信任的人比做一个不诚实的人能够带来更多的好处。我们可以为自己的不诚实找出一万个理由，走这种捷径的吸引力也的确很强。但是最终，它会削弱团队产生信任的能力。缺乏信任的团队不可能高效。它也必然会对个人造成伤害，尽管这种伤害很难被人察觉。

- 在好奇心和质疑成为团队规范后，要求彼此承担相应的责任可以减少不诚实的行为。你不应容忍不可信的行为，因为它会削弱团队的凝聚力。不要奖励这种行为，也不要视若无睹。这会阻碍团队成为一个真正的团队。
- 信任是为完成重要工作而共同奋斗的结果。无论你身处什么样的团队，成为值得信任的人都是你能为团队做的第一点贡献，或许也是最重要的贡献。做不到值得信赖，共同奋斗过程中产生的团队信任，即优秀团队中每位成员都渴望共享的那种团队信任，就不会出现。

◎ 找到兴趣

讨论信任时，它的一个重要因素时常被人忽略，那就是团队成员的选拔，因为它与对工作的兴趣有关。你应该选择对这项工作真正感兴趣的人。重要的工作并不总能引起兴趣。人们的个性、观点和经验影响着他们在特定情况下的兴趣水平。如果我们希望团队成员能将热情投入工作中，那么我们就有必要考虑他们的兴趣水平。这个话题我们在前面曾经提过，但是这一点很关键。

正如我们所说，我们不应该绑架团队成员，强迫他们去做不感兴趣的工作。在你的团队和更大范围的组织内，你可以帮助领导者想清楚这一点，并且在询问人们是否愿意加入团队前与他们讨论将要从事的工作。强迫人们加入团队并不是一种好的做法。更有效的方法是在招募团队成员时，询问人们是否感兴趣，并且向他们简要介绍工作的重要性和好处。

你可以通过表述工作的重要性来引起人们的兴趣，强调这项工作可以：

- 广泛地帮助组织实现目标。
- 使个人目标和愿望更完整。
- 帮助个人开发新技能。
- 帮助个人建立新的关系网和联系。

思考如何吸引潜在的团队成员时，有意识地把团队工作和他们的兴趣点结合起来，会使他们带着积极的态度加入团队。这么做说明你足够在乎他们的意见，愿意花时间与他们交流并招募他们，而不是命令他们加入。这两种做法截然不同，前一种预示着团队成员将在团队中得到恰当的对待、尊重和重视，后一种做法的结果截然相反。

换句话说，命令人们加入团队的本质是强制。它暗含着不尊重和不诚实，因为这说明你根本不在乎未来团队成员的意见，甚至尊严，这才不屑于以能够吸引他们的方式表述工作。这足以让人们预见自己将来在团队中的待遇。他们最终可能会接受安排，但是会带着怀疑、不信任和低参与度进入团队。

这与信任和诚实相对。招募过程是你向未来团队成员表明你将如何对待他们的第一次机会。人们会问自己："我会被尊重吗？我会被重视吗？会有人倾听我的意见和观点吗？最重要的是，我的领导会对我说实话吗？"命令还是询问，在很大程度上决定了人们将如何回答这些问题。因此，你应该：

- 如实向团队表达工作的价值——它的重要性、动机、限制和范围。
- 为每位团队成员制定个性化招募策略，找出从其角度看加入团队并从事这项工作的重要性，以此来吸引他们。
- 与潜在的团队成员进行交流，判断他们的兴趣点，解释他们对于团队的价值。

此外，你还可以向领导者展示什么是恰当的交流，帮助他们理解这些活动和工作的重要性。这些招募活动有助于和未来团队成员建立良好的关系，确保他们的兴趣水平和参与度，表明领导者和团队将来的工作方式。

- 如实向潜在的团队成员介绍团队即将从事的重要工作。
- 永远不要强迫人们加入团队。如果他们对团队的工作不感兴趣，说明他们可能确实不属于这个团队。让不感兴趣的人进入团队只会给你自己带来麻烦。你将不得不频繁地管理这些人以及处理他们对团队绩效造成的负面影响。
- 积极为团队招募人才。衡量他们感兴趣的程度，简要介绍工作对组织和他们个人的重要性。向他们证明加入团队能让他们的才能和时间得到有效利用。这是诚实的行为，也将为团队的成功打下基础。

◎ 调节压力

为了创造条件，使团队信任和心理安全得以形成，你必须有效地管理和利用团队中的压力。在这种情况下，压力有可能成为一种有益的力量。缺少有效的施压，就无法顺利产生优秀团队所拥有的那种信任和团队精神。虽然不太形象，但是团队对适当压力的反应与人们对体育锻炼的反应是一样的。勤于锻炼时，我们就是在向自己的身体施压。而我们的身体会让肌肉变得更结实，提高心血管的承受力，来应对这种压力。

同理，当团队承受了适当的压力时，他们会提高团队能力来应对。他们会迅速厘清每个人最擅长的事，确定如何有效地分配工作、如何利用冲突和如何制定应对策略来为彼此提供支持。这里的关键是你要确保团队受到的伤害是轻微的，而不是永久性伤害。

有效控制伤害的程度是让团队更快地提高绩效的关键。这也证明了在组建团队时，保证重要工作的完成离不开每位成员的努力是一件很重要的事。因为团队成员过多会导致工作分配不均，也就不需要每个人都付出努力。在这种情况下，团队受到的压力就不合适。

我曾经接受过一个学习与发展部门主管苏珊的咨询，她的团队在制定企业包容性项目的过程中遇到了麻烦。苏珊很年轻，才当上部门主管不久，这也是她第一次带领跨职能团队开发企业项目。但是她确信团队的工作效率不高。

在我们商讨过程中，她的沮丧显而易见。“项目进度滞后，团队成员经常不见踪迹，工作质量也达不到应有的水平。”她说，“我需要团队投入这个项目中，需要他们至少有一定的自我指导能力。”

我提了几个诊断性问题之后，看得出她预先做了努力，确保工作的重要性得到了恰当的表述。但是从时间线来看，她把所有的截止日期和交付时间都延后了很长时间。我问她这是为什么。

她很快回答了这个问题，并且自豪地认为这是一种优秀的领导才能。她说：“其实每位团队成员手里都有好几个项目。我试图体贴一点，确保工作不会对他们造成太大的压力。我希望他们对这个项目感兴趣，而非不满。”

她搞错了。时间线延后太多，只会导致团队成员误以为他们有足够的时间来完成工作。团队中缺少紧迫感，所以他们不急于解决问题或为取得成功而辛勤工作。团队成员习惯于把事情拖到下次会议上解决。本质上，他们是得到了允许，可以不全力投入工作。她试图成为一个体贴的团队领导者，但她其实在不知不觉中为团队的失败埋下了祸根。

在解决这一问题的过程中，我们讨论了一些她可以用于重振团队的策略。起先，她建议把团队成员召集在一起，让他们找到前进的方向。这也许能让团队成员参与进来，并且给予他们决定发展道路的自主权。让他们明白，尽管截止日期和交付时间表明这个项目可能没那么重要，但实际上，它相当重要。因此，所有工作必须在截止日期前完成。但是按照目前的进度，团队面临着任务无法按时交付的危险。她赋予团队的“松弛”使团队陷入了危险的境地。

最终，苏珊把团队成员聚在一起，重申了工作的重要性和截止日期。她简述了自己对团队表现的观察和不满，并且把交付日期和时间线都提前了。引起最多争议的是，她把项目的设计阶段缩短至下个周六，要求团队在新的截止日期前完成工作。

为了让团队振作起来，她利用职权给他们制造不便，从而重申了工作的重要性。由此产生的压力迫使他们相互协调，开展合作，想方设法在新的期限内完成工作，尽管他们手里还有其他事要做。她足够谨慎，没有让新的截止日期变得不切实际，她把日期定得比较紧张，可以实现，但难度很大，引起的不便程度恰到好处。这促使团队成员更依赖彼此，也给了他们机会去履行对彼此及对工作的责任。值得注意的是，周六那天她也出现了。这显示出她对工作和团队的责任。她会一直与团队同甘苦。

她的努力没有白费。如你所想，团队成员不可避免地满腹牢骚，但是在发泄之后，他们制定了新的日程，学会了相互依赖，产生了更高的信任水平，并且平等地分担了工作。她精心设计的策略向团队施加了适当的压力，为他们创造了共患难的环境，促使团队中出现优秀团队所展现的那种信任和不设防。

与其认为压力可以避免，不如通过利用和调节压力来发展团队技能。团建活动没有这种作用。只有艰难而重要的工作才能塑造高绩效团队。在为团队设置交付时间和截止日期时必须牢记这一点。从这个角度看，调节压力是构建团队信任和凝聚力的重要环节。

- 信任产生于为完成重要工作而共同奋斗的过程中。没有艰苦奋斗，团队成员之间就不会产生高度的信任。他们不会被迫暴露真实的自己，也不会因此而受到重视。
- 压力迫使团队适应变化，克服挑战，提高团队凝聚力和能力。

- 确保团队人数适宜，使每位团队成员的努力对团队而言都必不可少。确保时间安排能够让团队感受到工作的重要性，认识到在期限内完成工作有一定的难度。团队被迫相互配合以实现目标，而在此过程中，他们将不得不依赖彼此，看到彼此对于团队成功的价值。

◎ 结论

当我们在工作时，在共同奋斗时，在奋斗过程中做出值得信任的行为时，团队内的信任氛围便渐渐形成了。信任是结果，而非先决条件。没有任何团建或其他活动能制造信任。奋斗本身摘下了我们的面具，迫使我们暴露真实的自己。随着我们一起取得成功，即使我们并不完美，也一样会受到重视。每个人都将成为获胜团队中有价值的一员。成立团队的初衷是为了解决某个问题，但是比起解决这个问题，奋斗过程中产生的团队精神及团队成员之间形成的信任具有更大的价值。它将在团队解散后长久留存下来，持续推动组织参与度的提高。

第九章 培养团队精神和责任感

CHAPTER 9

我们再次回到对团队精神、归属感和使命感的讨论。这一讨论重申了我们都已知晓的一个事实：组成团队，通过协调与配合完成重要工作是人的本性。在这一过程中，团体形成并蓬勃发展。最终，这才是团队协作的真正目标：构建共同体。

共同体代表着我们通过共同奋斗建立起的纽带。它源于我们对团队成员的责任感和忠诚度，提醒我们不能让其他成员失望。正是这种情感促使我们全力以赴。也就是说，我们竭尽全力不是因为对工作忠诚，也不是因为对数据忠诚，而是出于对我们在乎的人忠诚。

我曾经看过一部关于第一次世界大战的纪录片，这部片子提出了一个疑问：士兵们是如何鼓起勇气冲出战壕，冒着枪林弹雨冲锋陷阵的？亲眼看到自己的朋友被炸得粉身碎骨，他们为什么还有勇气继续往前冲？在片子里，他们从成千上万封年轻士兵寄往家里的信中截取了一些片段读了出来。谈到他们必须要完成的任务时，大多数人不仅提到了他们内心的恐惧，还提到了他们有多么害怕让战友失望。原来，他们之所以越过战壕，奔向地狱般的战场，不是因为他们有责任从敌人手中夺取战壕，而是因为害怕让队伍失望。所有经历过战争的士兵都说，到最后他们不是为了任务而战，而是为了彼此。

这是一个比较极端的例子，但是很有启发性。以履行职责或完成某项任务为目标时，人们会表现出一定的参与度，付出一定的自发努力。这通常足以维持机器运转，让火车准时运行。但是当人们在努力完成真正重要的工作时，会产生对彼此的责任和忠诚，这将为我们带来更多的效益，其影响也将远远超越团队本身。这种共同情感在团队工作结束后将进一步延伸。随着团队成员进入其他团队，履行其他职责，他们在先前团队中结成的人际关系将扩展到整个组织。这种团体意识将持续提高组织解决问题的能力。

共同体形成后，我们对团队和彼此都负有责任。我们有责任履行承诺，实事求是，也有责任帮助和关心其他成员。考虑到团队其实是由合作完成重要工作的一群人组成的小型共同体，我们对团队也负有相同的责任。身处一个正从事重要工作的团队时，我们的责任感促使我们关心彼此，就像我们关心正努力实现的目标一样。这是组织和团队成员在考虑何为优秀团队时所寻求的最终状态。它不仅关乎产品的创造，也关乎奋斗过程中产生的自豪感和胜利感，以及因奋斗而形成的深厚纽带。我们感到我们可以在团队里暴露真实的自己，这就足够了。事实上，这甚至超出了我们的要求。我们感到被重视，被接受，被爱。当我们爱别人，也被人爱时，我们就会为了越过终点线而竭尽全力。这不是因为我们追求数据、KPI 或利润，而是因为高绩效团队不会让任何一个人掉队。团队对组织的真正贡献就在于此。

这就是本书真正的主题。重要的工作促使人们共同奋斗。在这一奋斗过程中，信任和团队精神得以形成。

◎ 把自我关在门外，把荣誉留给他人

骄傲和自负有害无益。根据我的经验，它们是拉低团队

绩效和团队精神的主要原因。只要有任何一位成员比起团队的发展更在意自己的晋升，或执着于要当团队里最聪明的人，团队的潜力就得不到充分的发挥。我相信我们都曾在团队中遇到过这样的人，也很容易看出这些人对团队的负面影响。

团队领导者有责任对这种行为和动机“零容忍”，团队成员也一样。因此，你要确保在挑选团队成员时进行了深入的思考。他是否过于有野心，以至于可能弄巧成拙？他是否完全不接受自己有犯错的可能？如果答案是肯定的，就不要选这样的人。诚然，他们或许能承担大量的工作。这类人通常都很能干。但是他们的负面影响往往会超出他们在产出上的优势。有趣的是，所有人都清楚他们的性格，但我们还是不断地把他们选到团队里。

我们之所以选择有这类负面行为的人加入团队，是因为他们的确能完成大量的工作，作出重大贡献。极度在意升职加薪的人往往雄心勃勃，渴望完成大量的工作。而自称无所不知的人一般都相当聪明，担得起对自己的评价。但这不是团队的工作方式。正因如此，全明星球队才会在表演赛中输给普通球队。也就是说，团队的整体力量要大于个人力量的总和。

比起全部由明星球员组成，但是表现得不像一个团队的球队，人员构成合理且运作良好的球队会取得更好的成绩。这一事实显而易见。然而，我们在组建团队时往往会忽略这个事实。我们没有去掉那些不善于合作的人，也没有排除那些不肯为了团队和重要工作的利益而放弃一己私欲的人。挑选团队成员时务必放慢速度，仔细衡量，因为它影响着团队精神的形成。我们的目标不是保证团队里全是精通某一领域的专家或者能完成最多工作的人。相反，我们希望团队由知道如何完成任务并且能有效进行团队协作的人组成。

你最终选择的团队成员应该具备必要的知识，不吝啬夸奖别人，不好邀功请赏，不爱自吹自擂，对团队工作和目标非常感兴趣，而且情商很高。不要仅仅根据完成工作量的多少而选择那些好大喜功的人。当一个团队人员构成合理，有正确的领导，又有重要的工作提供动力时，它肯定比那些由野心勃勃又好揽功的人组成的团队表现得更好。

◎ 营造相互欣赏的文化

这并不意味着你选择的团队成员不想被重视，或者不想得到表扬和荣誉。在大多数情况下，他们真正想要的是成为获胜团队中有价值的一员。在我共事过的所有团队中，最好的团队都不吝啬夸奖。他们寻找不同的方式来认可彼此。他们想要公开感谢其他团队成员所做的工作和贡献。这合情合理。因为当团队成员为了完成某项重要工作而共同奋斗时，共患难的经历会在他们之间形成团队精神和对彼此的关怀之心，他们自然而然地希望每个人都获得成功。他们真的在乎彼此。当一个人在乎另一个人的时候，他就会希望对方有一种被欣赏的感觉，他也希望对方知道自己对团队来说是一位有价值的成员。最好的团队会营造这种相互欣赏的文化。

团队为了完成重要工作而共同奋斗时，会自然而然地形成相互欣赏的文化。团队精神的出现和发展为此提供了动力。但是这并不意味着我们不能从一开始就将这样一种文化融入团队的价值体系。你可以以身作则，当发现有团队成员既完成了大量的工作，又表现出了优秀团队成员的特征时，公开给予真诚的表扬。这种表扬不仅是对他的奖励，也为其他团队成员树立了榜样。他们会逐渐意识到表扬本身就是一种受奖励的行为。最终让团队构建起相互欣赏的文化。

为了你所在的团队，你要抛弃以自我为中心，努力营造相互欣赏的文化。你要致力于团队和团队成员的成功，而不只关注你个人的成功。当自己的工作得不到适当的表扬和认可时，团队成员会倍感沮丧。我在做培训时经常鼓励那些想得到表扬的人先去表扬别人，先放下所有的荣誉。经常留意那些做得好的人，无论在公开场合还是私底下都给予表扬。这不仅会让团队看到持续表扬的力量，也将帮助团队走上构建相互欣赏的文化的道路。此外，当其他人开始反过来表扬你时，你的沮丧也就自然而然地被消除了。

我还注意到，领导者有时不愿意公开表扬团队里的个别成员。通常，他们会把功劳归于整个团队。在对领导者进行培训时，我试图理解他们这么做的动机。结果发现，他们之所以这么做，是因为不想通过点名表扬某个人而抹杀其他人的贡献。我理解这种想法，但是它的前提是错的。

表扬并不是一场零和游戏，表扬一个人不会让另一个人受到批评。高绩效团队中充满各式各样的夸奖。而在尚未达到高绩效阶段的团队中，表扬是一种奖励，它将人们引向真正有价值的东西。团队成员据此调整自己的努力方向，以获得更多夸奖。只有收到回报，人们才会继续投入时间和精力。相反，人们会回避惩罚。你应该经常找机会给予个人表扬，并且确保你的表扬会鼓励其他人做出你期望的行为。

要想构建相互欣赏的文化，必须重视你所表扬的对象。你要表扬那些有助于团队实现目标的行为，这将鼓励人们做出更多有价值的行为，从而塑造文化。要注意，你表扬的对象必须产生了实际价值——不能只因为成员来上班了就表扬他们。这会贬低表扬的价值。当我们站起身说“感谢阿迈勒今天来上班”，这场面无疑很滑稽。但是，我经常看到有人在努力构建相互欣赏的文化时这么做。停下吧。把你的夸奖留给真正为工作作出了贡献的人。这意味着你必须时刻都在找寻真正的价值，并且保证一切有价值的人和行为都得到了感谢。

- 优秀的团队会结成共同体。
- 人们为了完成重要工作而共同奋斗时，会形成团队精神。团队解散后，成员之间建立的关系会长久延续下去，推动组织发展。
- 时刻寻找做出正确行为的人，及时予以表扬。

◎ 确立组织规范和价值观

缺少一套共同的价值观和规范时，组织便无法蓬勃发展。无论大小，从国家到公司再到家庭，凡是通过合作以实现某个重要目标的群体，都要有一套所有人都认同的价值观、信仰和行为，否则便无法发展壮大。团队在思考它所坚守的信念，或者对成员的行为进行奖励或惩罚时，必须采取一致的战术。换句话说，我们确立的价值观和规范——本质上也就是我们的信念和行事方式——会告诉我们什么是对的，什么是错的。这种群体心智模式指引我们，帮助我们分辨该采取什么样的行为。

团队成员可以通过价值观和规范了解如何表现自己。他们可以发挥任何作用，只要团队同意。典型的例子包括“我们在每件事上都力争完美”或“我们只要良好，不求优秀”。这些例子很有启发意义，因为它向我们展示了普遍的价值观和规范，而非显而易见的那种，比如“我们不打人”或“我们不会侮辱彼此的家人”。无论是“我们的每个任务都将以最卓越的水准完成”，还是“我们会根据工作的重要性调整自己的努力程度”，都是团队有可能确立的价值观。它们同样有效，但是截然不同。团队可以自由选择他们认为最有助于实现目标的价值观和规范。

当团队成员不按照统一的价值观、规范和行为行事时，他们就不会采取一致的战术。这种情况显然不会达到最优的结果。如果一部分成员力求完美，而另一部分成员得过且过，那么这两个群体就会产生矛盾。前者认为后者懒惰且不负责任，后者认为前者过于努力，会浪费宝贵的时间和资源，这将使双方都产生挫败感。高绩效团队则会考虑如何最有效地推动团队完成他们都认可的重要工作，然后就行事方式达成一致的观点。

在团队组建的初始阶段，领导者往往没有对这个问题给予足够的重视。或者即使他们注意到了，也只是说说而已。团队价值观很快就被遗忘，再也没有人提起。在这一关键阶段，你可以与团队商议，确立互相认可的价值观和规范，并且制定相应的程序，保证它们长期有效。

一个可怕的事实是，如果你没能有意识地确立价值观和规范，以供团队采用，团队就会自发形成一系列价值观和规范。这些价值观和规范并不能有效地帮助你解决团队面临的重要问题。也就是说，如果团队不精心设计自己的文化，就会遇到各种各样的问题。

例如，性格强势的人在争夺影响力或做出其他负面行为时，很容易对其他团队成员造成伤害。一种回避和忽视这种行为的团队规范可能会迅速形成。接着，团队可能会采取耗时又打击士气的行为来适应这种负面行为，而不是解决它。相反，有意识地确立团队规范，并且制定相应的程序来维持它的有效性，将大大减少此类成员的负面影响。团队可能会认同“人人参与决策和讨论”的价值观，相应地要求“每个人都要在决策过程中发表自己的意见”。

平心而论，在重要工作的推动下，群体往往会自动形成有效的规范。当团队成员投入重要的工作中时，他们肯定希望能获得成功。这一信念促使团队演化出有效的行为，摒弃不起作用的那些。但是，与这种行为演化有关的试错过程要耗费大量的时间。因此，最好是在一开始就确立一套基本的价值观和规范，而后随着团队展开合作，他们会自然地修改和改进这些价值观和规范，提高它们的有效性。

团队运作顺利时，不仅能发展出一套成员一致认同的信念和价值观，还会形成相应的机制，促进这些信念和价值观的实现。在高绩效团队中，成员之间相互问责，遵守他们都认可的信念、规范和行为。这又一次提醒我们重要工作的必要性。重要的工作有助于鼓励成员指出负面或无效的规范和行为。工作的重要性越低，人们就越有可能缺少积极性，对不理想的团队行为视而不见。重要的工作则会引起冲突，鼓励团队成员相互质疑。

你可以帮助团队有目的地设计团队规范和行为标准，然后要求他们相互问责，遵守这些规范和行为标准。你可以，也应该，要求团队向你问责，作为他们相互问责的范本。你应该这么说："这是我的价值观，我希望你们督促我遵守它。"

举一个简单的例子，假设你的团队有一条规范是"准时参加会议"。如果你迟到了，却没有人指出来，那么你就应该问问团队成员，为什么没有指出你的错误。事实上，你应该要求他们向你问责。如果真的有某位成员指出来了，那么你应该当众表扬他。这相当于向大家示范了如何问责。发起问责所得到的表扬证明这是一种有价值的行为。

◎ 利用团队协作实现人才发展

团队协作在这方面的好处似乎是不言而喻的，但是我经常看到团队在挑选成员时，选择有能力完成这项工作的人，而不是需要完成这项工作的人。在所有你能够利用的发展经历中，团队协作可能是比较重要的一种。然而，为了快速而有效地完成工作，我们通常会选择有相应技术专长的人，以免耽误时间和效率。但是通常情况下，我们其实有充足的时间组建一个技术专长多样化的团队，让那些有望实现巨大发展的人进入团队。有意识地根据经验和发展需求挑选成员时，团队里经验丰富的人就有机会培养缺少经验的人。在高绩效团队中，密切的工作联系也使得经验较少的成员有机会深入工作，动手实操。在经验丰富的导师的支持下，他们得以积累经验，同时确保成功。团队的奋斗、成功和失败也就变成了这些新手自己的成功和失败。这种人才发展策略意义重大，因为它不仅能提高个人的技术和能力，也能调整组织的发展方向，建立并利用跨职能关系，还有助于培养领导才能。未来的领导者可以从中学习如何协调团队，如何与成员沟通优先事项，还可以从整体上提高自己的领导能力。

有意识地利用团队协作培养组织中的人才，也有利于扩大人才储备。一次又一次地选择同一批人组成团队，会导致这些员工身心交瘁。利用团队协作培养人才则可以保证将来有众多人才可供选择。这使得原先总是被选进团队的人有机会休息，还可以提高团队成员在发展活动中的参与度。

团队不仅是领导者和个人实现发展的良好渠道，也是观察个人在团队中的表现的良好途径。你可以观察成员之间如何协调与配合，如何相互质疑，以及他们是否愿意为了团队和工作的利益放弃一己私利。观察一个人如何配合团队完成重要工作是了解其真实情况的绝佳方式。他的真实面目会迅速显露出来，有了这些信息，我们就可以判断他是否自私、傲慢、有野心到了对团队产生负面影响的程度，是否有可能做出其他损害团队利益的行为。如果你的组织中有一套确定的价值观和人们在组织中应该采取的行为方式（你确实应该有），那么你很快就会知道哪些人能遵守这些价值观。这类观察可以帮助我们了解该提拔和培养谁，甚至有助于我们考虑该开除谁。

你可以在这方面发挥重要的作用。如果说人才发展的主要任务之一就是影响组织的价值观、文化和行为，那么领导者在挑选团队成员和观察成员行为等方面的投入，就有助于确保加入团队的都是组织需要保留和培养的人。你应该与领导者密切合作，传达他们对团队成员效能的观察，因为这从属于团队协作行为。此后，领导者可以加以调整，纠正负面行为，或者在必要时开除团队成员。在确定升职人选时，他们也可以考虑这种行为。

◎ 实现团队构成的多样性

当你开始考虑组建团队时，你必须保证团队内观点和经验的多样性。如果团队由同一类人组成，那么他们往往会产生同样的想法和解决方案。你要选择那些不仅观点和经验不同，而且思维、工作和合作方式都不同的人。对于每一种类型的人各选几位并没有硬性规定，但是你应该考虑到不同的个性和观点，以及即将受到你的项目影响的利益相关者。

有些人专注于完成工作，有些人喜欢思考问题。有些人喋喋不休，有些人沉默寡言。有些人关注其他人，另一些人则关注过程本身。所有这些个性和风格在团队中都很重要。多年来在与团队合作或观察团队的经历中，我反复见到这种情况。由此我得出的结论是，根据工作的紧急程度，不同类型的人共同处理一个问题时，会产生最有效的解决方案。

组建团队时，你应该挑选我所谓的“个性互补的人”。

他们的个性相互补充，达到能产生最大效能的中间地带。以行动为导向相对于以数据为导向，以经验为导向相对于以创新为导向，以人为导向相对于以过程为导向，这些相反的观点倾向于相互抵消，或彼此削弱，这样团队既不会鲁莽行动，也不会陷入泥沼。显然我们有无数种区分不同观点和个性的方法，但重点是你在挑选团队成员时要有目的性，确保团队中有不同类型的人，能从多个角度看待并解决问题。

有一次我和一位人力资源团队的领导者合作，想要成立一个顾问团队，然后让他们去制定一个文化变革项目。我鼓励这位领导者以这种方式选择团队成员。我们认真考虑了团队所需的个性和经验，以确保团队构成合理。她坐下来，拿出纸和笔，列出了她认为有可能组成最佳团队的成员的各种个性、技术和经验特征。团队由五个人组成。她在第一时间选定了一个她认为掌握了必要技术和组织经验的人来解决这一问题。但是，她也承认这个人过于受数据的驱动，而且比较优柔寡断。因此，她又选定了另一位成员。这个人虽然缺少与问题陈述有关的技术，但是工作非常有条理，而且很果断，能够把握团队的发展方向。第三位成员之所以被选上，用她的话说，是因为他能为组织提供“天马行空的创新想法”，促使团队思考解决问题的新方法。第四位成员虽然年轻，但是能力很强，能为团队带来活力和热情。加入团队也将使他本人受益，例如，了解组织的不同方面和组织面临的挑战。从本质上来说，这次团队经历对他而言是一种发展。她选择的最后一位成员是一位精通当前主题的专家，而且资历较深。他可以利用自己的知识和他在组织中的关系为团队的发展铺平道路。这位领导者的选择是有目的的，而且她足够谨慎，挑选的成员不仅拥有解决问题所需的技能，而且能够在方法、经验和个性方面实现有效的互补。

这一切看似不言而喻，但是我却一次又一次地看到领导者忽略对谁应该加入团队和谁需要加入团队的考虑。团队往往是被随意组合起来的，除了谁具备解决问题的技能以外，领导者很少考虑其他问题。这对团队不利，因为成员之间的能力和观点构不成互补。这也对工作无益，会使结果变得更糟糕，解决问题的可能性也更小。如果工作很重要，我们就有必要花时间成立一个最有可能取得成功的团队。我们要尊重工作的重要性，有意识地成立一个多元化的团队。

请注意：选择与自己差异较大的人通常会惹人烦恼。这不难理解。我们都喜欢与相似的人相处。例如，以行动为导向的人碰到决策前不断地要求更多数据支持的人会感到沮丧。我们倾向于选择最像自己的人，因为这会让我们感到自在。我们选择与自己想法相似的人，因为比起与自己不同的人，我们内心更倾向于相信他们的判断——逻辑学家不相信直觉。嘴上说选择不同类型的人组成团队是一回事，真正与我们不同的人合作则是另一回事。这是围绕重要工作构建起的好奇心文化的价值与美。遇到行事方法和途径与我们不同，而且会使我们感到厌烦的人时，如果我们确实对团队的重要工作感到好奇，我们就有可能逐渐从他们身上及他们的工作方式中收集到一些闪光之处。以“请继续讲”回应分歧和以采访的形式进行交流都是鼓励人们参与好奇心对话的模板，而这种对话将使人们更好地理解彼此。它有助于我们看到一开始被我们轻视的那些观点的价值。

我承认，把不同类型的人组合在一起，组成一个团队，需要更长的时间。紧要关头，最好是把既拥有必要的技术知识，又能迅速融为一个有效团队的人集合起来，完成短期的转向任务。例如，在 2020 年，我曾与一个技术小组合作，他们的任务是迅速制订一个远程工作计划，并且搭建临时的技术平台，以实现即时的业务互动。一个精锐团队成立起来，任务时间以天计算。召集这个团队更多的是为了让他们快速行动起来，而不是为了融合不同的观点。这种情况当然会发生，但绝对不是惯例。我曾经合作过的大多数团队都有充足的时间来有目的地确保自身的多样性。

- 团队在缺少一套共同价值观和规范的情况下，工作效率会比较低。
- 在团队成立的初始阶段就积极统一团队的价值观和规范会更好。如果你没有有意识地调整价值观和规范，团队就会在效果更差的价值观和规范上达成一致。
- 为成员一致认可的价值观和规范树立典范，并且要求团队向你问责。

◎ 结论

在如何行动、互动和表现自己等方面没有达成一致意见的团队，不太可能成为高绩效团队，也不太可能产生优秀团队所拥有的那种信任和团队精神。团队，或者说任何群体，如果没有形成所有人一致认可的信念、价值观和规范，就会把大量时间浪费在寻找最有效的合作方法上。负面行为很容易渗入团队，削弱前进的动力，阻碍团队寻求解决方法。有意识地提前统一团队的价值观和规范，并且积极制定程序促使团队成员互相问责，对于构建有效的团队文化大有裨益。你可以通过要求团队向他们问责来将这种行为和相互问责的行为树立为典型。

第十章
总结
CHAPTER 10

团队拥有巨大的力量，而且它本应如此。团队是几千年来推动人类进步的机制。重要的工作能激发人最好的一面。相反，无足轻重的工作往往会让人表现出最差的一面。对于你和所有组织（无论规模大小）而言，最关键的都是利用重要工作提供的创造性和团队精神。它促使我们竭尽全力，不仅为了完成工作，也为了关心和支持那些一路上陪伴我们的人。从事重要工作的团队推动组织和人们以或显著或微妙的方式向前发展。即使在团队解散很久之后，团队成员在共同奋斗的过程中建立起来的联系也会继续在组织中保留。

遗憾的是，我们通常不会以这种方式思考如何为团队的蓬勃发展创造必要条件。由于忽视了对如何组织和引导团队的考虑，我们错失了巨大的机会。良好的组织和引导有助于团队获得提高和认可，不良的组织和引导则有可能发挥削弱和破坏的作用。我经常考虑这么做会让我们付出多大的机会成本：当组织没有足够重视这件对组织影响最大的事情时，它将在人才发展和员工参与度方面遭受多大的损失呢？团队影响着组织的成败，它还会让人们觉得即使自己有缺点，也是有价值的，并且值得重视。事实上，有时他们的缺点正是他们受到重视的原因。

我们已经详细讨论了重要工作的关键性，以及组建多元化团队并且给予他们自主权去解决问题的重要性。我们还讨论了团队如何在好奇心的基础上相互质疑，以最有效的方式实现目标。我们也看到了这些行为如何创造信任、归属感和团队精神——我们在报酬和晋升之外最需要的东西。最终，也正是这些东西提高了组织的参与度。它们形成一个良性循环，不仅能推动组织发展，也对人们自身有益。

我希望所有读者在读到这里时都掌握了必要的工具，或者至少是观点，能够回到你自己的组织中，提倡给予团队应有的针对性关注，有效地明确工作的重要性，并且以同时满足组织和团队成员需求的方式组建团队。塑造团队文化和提供使命感所能带来的好处，将以超乎你想象的方式推动组织发展。